Le guide des relations sociales dans l'entreprise

Éditions d'Organisation
Groupe Eyrolles
61, bd Saint-Germain
75240 Paris cedex 05

www.editions-organisation.com
www.editions-eyrolles.com

Du même auteur chez le même éditeur :
Le management du risque social, 2006.

ISBN : 978-2-212-53832-8

Hubert LANDIER

Le guide des relations sociales dans l'entreprise

EYROLLES
Éditions d'Organisation

Sommaire

Introduction

Les membres de l'encadrement en charge de responsabilités hiérarchiques, dans la plupart des entreprises, se sentent souvent mal à l'aise devant les problèmes sociaux auxquels ils sont confrontés dans leur vie professionnelle de tous les jours.

D'abord, le plus souvent, ils n'y ont pas été préparés. Le fonctionnement des instances de représentation du personnel (délégués du personnel, comité d'entreprise, délégués syndicaux, etc.) ne figure qu'exceptionnellement au programme des établissements d'éducation supérieure d'où la plupart d'entre eux sont issus. Les programmes de formation au management organisés par les entreprises elles-mêmes ne les abordent pas systématiquement. Il en résulte que la plupart des managers sont conduits à faire leur apprentissage des relations sociales sur le tas et qu'ils sont souvent plus ou moins laissés à eux-mêmes.

Ensuite, l'image qu'ils ont des représentants du personnel est le plus souvent à la fois confuse et dégradée. Ils ne connaissent précisément ni le rôle des uns et des autres, ni quels sont leurs droits et devoirs. On parlera du « délégué » d'une façon générale sans savoir si c'est du délégué syndical ou du délégué du personnel qu'il s'agit. De toute façon, celui-ci évoque un comportement jugé souvent d'une façon très négative : il se montrerait souvent « virulent », vindicatif, irrationnel, au mieux inutile ou installé dans une planque coûteuse pour l'entreprise. En outre, sa façon désordonnée de prendre des heures de délégation aurait pour effet de désorganiser les plannings. À cela s'ajouterait la crainte des initiatives syndicales, qu'il s'agisse de ces mouvements de grève dont on parle tant dans la presse ou, plus simplement, de l'influence qu'ils exercent auprès des salariés ou des problèmes qu'ils tendraient à provoquer ou à exacerber.

Le présent ouvrage se veut un guide à l'intention des managers ainsi confrontés à des situations sociales dont ils ne maîtrisent pas les tenants et aboutissants, ainsi qu'à des interlocuteurs syndicaux dont ils comprennent mal la logique. Ce n'est ni un manuel de droit du travail ni un traité théorique. Son ambition est d'apporter une réponse pratique aux questions que les managers peuvent légitimement se poser sur la façon d'exercer correctement la dimension sociale de leurs responsabilités. Il est issu de l'expérience accumulée par son auteur à l'occasion du très grand nombre de programmes de formation aux relations sociales que, depuis près de trente ans, il a été amené à concevoir et à animer à l'intention de membres de l'encadrement de grandes entreprises françaises.

Nombre de développements correspondent ainsi à des explications qu'il a été amené à donner maintes fois par oral. Il s'agissait donc de répondre à des questions souvent très pratiques mais, en même temps, d'ouvrir des perspectives et d'inviter à la réflexion. La vie sociale d'une entreprise est souvent complexe, marquée par son histoire, et c'est cette complexité qu'il importe de démêler afin d'interpréter les logiques d'acteurs qui, autrement, ne pourraient s'expliquer. Alors seulement, il sera possible d'échafauder les solutions susceptibles de déboucher sur les changements que l'on juge souhaitables.

Ce livre se présente ainsi comme le travail d'un expert spécialisé dans l'analyse des relations sociales. On y trouvera un « état de l'art », tel qu'il résulte de la pratique des consultants membres du

Réseau Syneo, et notamment une présentation du Modèle M@RS[1], qui constitue une méthode très innovante d'analyse des composantes du climat social et de leur coût potentiel pour l'entreprise. On y lira également, adaptés et actualisés, de larges passages d'un ouvrage antérieur[2] aujourd'hui épuisé, écrit par l'auteur de ces lignes en collaboration avec Daniel Labbé. On retrouvera donc, ici et là, toute la richesse des observations de celui qui fut un praticien averti des relations sociales, d'abord en tant que dirigeant syndical, puis, jusqu'à son décès en 2005, en tant que consultant.

D'une façon plus générale, nous souhaitons qu'il permette à tous ceux qui le liront d'aborder dans de meilleures conditions les situations sociales auxquelles ils sont ou seront confrontés. À partir des clés de compréhension qu'ils y trouveront, il leur restera à enrichir leur propre expérience afin d'agir avec un maximum d'efficacité, à la fois en vue de la réalisation de leurs objectifs et pour le mieux-être de tous ceux auprès desquels s'exerce leur autorité hiérarchique.

1. Modèle d'analyse du risque social.
2. Daniel Labbé et Hubert Landier, *Les Relations sociales dans l'entreprise*, Éditions Liaisons, 1999.

Chapitre 1

Représentation du personnel

Les managers, bien souvent, connaissent mal le rôle et le fonctionnement des institutions de représentation du personnel. À leurs yeux, les représentants du personnel (délégués du personnel, membres du comité d'entreprise, délégués syndicaux…) entrent sous le terme générique de *délégués* sans qu'ils sachent précisément quel est le rôle des uns et des autres.

Comme on l'a dit plus haut, cette méconnaissance s'explique par une carence de notre enseignement. Le programme des établissements supérieurs d'où les managers sont le plus souvent issus, qu'il s'agisse des programmes universitaires, des écoles d'ingénieurs ou des écoles de gestion, sont d'une très grande discrétion sur le sujet. Il en résulte que les jeunes cadres devront se débrouiller comme ils le pourront. Certains d'entre eux n'auront guère à les connaître, mais d'autres les auront pour interlocuteurs quotidiens. Pour ceux-là, il est donc très important de savoir quel est leur rôle, quels sont leurs droits mais aussi leurs obligations, quelles sont leurs pratiques, bref, comment s'efforcer d'avoir avec eux des rapports qui soient autant que possible positifs.

Ceci n'est pas nécessairement facile, sans que l'on puisse *a priori* déterminer, en cas de difficulté, qui est le fautif. Les représentants du personnel s'inspirent souvent de principes d'action qui sont très éloignés de ceux qui animent le manager lui-même. Ils n'accordent pas le même poids aux mots, la même signification aux faits ou aux événements auxquels les uns et les autres se trouvent confrontés. Le manager sera tenté de les juger impulsifs, irrationnels, violents, voire belliqueux. Ceci peut n'être pas sans fondement. Il convient toutefois de ne pas être victime de ses propres préjugés. Ce n'est pas parce que certains interlocuteurs pensent autrement, qu'ils ne s'inspirent pas des mêmes référentiels d'appréciation des faits, qu'ils sont pour autant incompétents ou de mauvaise foi. Il importe donc de les aborder de façon sereine, en apprenant à les connaître personnellement.

Par ailleurs, afin d'éviter des erreurs qui peuvent altérer leurs rapports avec leurs interlocuteurs ou avoir des conséquences parfois très dommageables pour l'entreprise, il leur faut connaître les bases légales de leurs fonctions. La détérioration des rapports sociaux résulte trop souvent de négligences ou de dérives qu'il eût été possible d'éviter. Et donc, on examinera dans quel esprit il convient d'envisager les rapports entre les représentants du personnel d'une part, le manager et les différents représentants de l'employeur d'autre part.

Origine et esprit des différentes institutions de représentation du personnel

Les instances de représentation du personnel – délégués du personnel, comité d'entreprise, CHSCT[1], délégué syndical et section syndicale d'entreprise – peuvent, à juste titre, sembler d'une extrême complexité. C'est qu'elles sont le produit de notre histoire sociale et

1. Comité d'hygiène, de sécurité et des conditions de travail.

des interventions successives du législateur. Chacune d'entre elles a été instituée selon une logique qui lui était particulière et qu'il convient de bien comprendre. Mais on verra que leur juxtaposition est source de redondances et que leur fonctionnement réel ne correspond pas nécessairement aux intentions qui furent à l'origine de leur institution.

Pour comprendre à quoi servent les instances de représentation du personnel, il convient par conséquent, avant même de consulter les textes qui régissent leur rôle et leur fonctionnement, de rappeler dans quel esprit elles ont été mises en place. C'est ainsi qu'apparaîtront les enjeux correspondant à leurs modalités de fonctionnement et les principes que les managers devront s'efforcer de faire respecter au quotidien.

L'origine des délégués du personnel

Comme on le verra au chapitre suivant, le syndicalisme, en France, n'a été reconnu que tardivement et n'a obtenu qu'assez récemment le droit d'être présent sur les lieux de travail. Les employeurs étaient avant tout soucieux d'affirmer leur autorité par rapport au risque que représentait la présence de « meneurs » susceptibles de provoquer des désordres. Le résultat, c'est que les salariés étaient dépourvus de porte-parole susceptibles de présenter leurs doléances. Il n'y avait donc guère d'autre possibilité, pour eux, qu'une intervention massive qui prenait souvent, sous le coup de la colère, la forme d'un débrayage ou d'un mouvement de grève.

Ces mouvements d'humeur furent nombreux, en 1917, dans les industries d'armement. Compte tenu de la situation, le secrétaire d'État à l'armement, Albert Thomas, imagina alors une adaptation d'une institution qui, de longue date, existait déjà dans les mines, celle des *délégués mineurs*. D'où la création de *délégués ouvriers*. Ceux-ci devraient être capables d'exprimer auprès de la direction de l'entreprise les doléances du personnel sans que celui-ci ait besoin de recourir à la grève pour se faire entendre. Ils joueraient donc un rôle d'intermédiaires, portant à la connaissance du chef d'entreprise les préoccupations du personnel et faisant connaître à celui-ci la réponse de la direction. À une époque où les distances sociales étaient beaucoup plus fortes qu'elles ne le sont aujourd'hui, où l'autorité patronale pouvait être ressentie comme lourde et intimidante, où la capacité d'expression des salariés était souvent limitée, il s'agissait donc d'instituer des « facilitateurs » en vue de trouver une solution aux problèmes liés à la vie de tous les jours.

Les délégués d'atelier imaginés par Albert Thomas furent une première tentative en ce sens. Toutefois, en 1936, soucieux de mettre fin aux grèves, le patronat, en même temps que la semaine de quarante heures et les congés payés, fut bien obligé d'en admettre la généralisation. Mais c'est en 1945, sous forme d'ordonnance, que leur institution fut réellement et définitivement établie. On en retiendra le rôle : exprimer auprès de la direction et sous forme de questions les réclamations des salariés, puis leur transmettre les réponses qu'elle leur apporte. Il s'agit donc d'un rôle d'intermédiaire destiné à suppléer :

- l'incapacité où seraient les travailleurs de s'exprimer directement et ouvertement ;
- les carences de l'encadrement dans la prise en charge des multiples problèmes liés à la vie quotidienne dans l'entreprise.

Création des comités d'entreprise

Au lendemain de la Deuxième Guerre mondiale, la France était entièrement à reconstruire. Il lui fallait, après la faillite de la Troisième République, un nouveau régime politique : ce fut la Quatrième République ; il lui fallait mettre sur pied un système cohérent d'assurances maladie et de retraites : ce fut la Sécurité sociale ; il lui fallait remettre en route une économie ruinée par la guerre : ce furent la nationalisation des chemins de fer et des compagnies électriques ainsi que la mise sur pied du Commissariat au Plan. En ce qui concerne le fonctionnement des entreprises, il fallait compter sur la puissance du Parti communiste, qui allait être associé pendant un temps au gouvernement, aux côtés de la SFIO et du MRP. Les gaullistes, de leur côté, imaginaient une « troisième voie » entre socialisme collectiviste et capitalisme libéral. Face à un patronat en grande partie discrédité pour avoir collaboré avec l'occupant, ils parlaient « capitalisme populaire », « association capital travail », « participation ». C'est dans ce contexte que les comités d'entreprise virent le jour.

Il s'agissait d'associer les salariés à la vie de leur entreprise par l'institution d'une sorte de parlement. Celui-ci aurait un rôle double :

- d'une part, il aurait pour mission de gérer des œuvres sociales au profit du personnel ; face à la pénurie de produits de première nécessité, le comité d'entreprise créerait une coopérative, il organiserait la création d'une cantine, prendrait l'initiative de créer une colonie de vacances ;
- d'autre part, il serait tenu informé et serait consulté sur la vie de l'entreprise, ses perspectives économiques, les conséquences qui en résulteraient pour les salariés. Ce n'était pas la *cogestion*, comme elle allait être mise en œuvre en Allemagne, mais la *concertation :* le chef d'entreprise devrait désormais s'expliquer devant les représentants des salariés sur la portée de ses décisions et sur leurs conséquences, à charge pour eux de démultiplier l'information.

Cet esprit allait être bouleversé par l'évolution de la situation politique. En 1947, les communistes ayant été chassés du gouvernement, la France entrait dans la « guerre froide ». Pour le PCF, il ne s'agissait plus de collaborer à la reconstruction nationale, mais de s'opposer au gouvernement et de mettre en œuvre une politique de lutte des classes, conformément aux principes du marxisme-léninisme. Concrètement, ce furent les grandes grèves de 1947, orchestrées par la CGT dans l'intention de mettre en difficulté, sinon en faillite, le gouvernement réduit à ses deux composantes centriste et socialiste. Quant aux comités d'entreprise, il était hors de question d'y voir le lieu d'une coopération entre l'employeur et les représentants des salariés ; il s'agissait pour la CGT d'en faire un terrain d'affrontement, dans le but d'améliorer le « rapport de forces » qui lui permettrait de faire aboutir ses objectifs, syndicaux mais aussi politiques. En particulier, ce serait un moyen de recueillir des informations susceptibles d'être utiles à l'action syndicale tout en dénonçant des initiatives patronales soupçonnées en permanence d'aller à l'encontre des intérêts des salariés.

Depuis lors, deux logiques se font face au sein des comités d'entreprise :

- la première est la logique de l'affrontement, telle qu'elle est pratiquée par des syndicats qui ont souvent été influencés, de près ou de loin, par l'idéologie marxiste. Les réunions du CE, quand elles se déroulent selon cette logique, sont ponctuées d'interventions agressives à l'encontre de l'employeur. Celui-ci est soupçonné à tout moment de décisions dictées par « la loi du profit » au détriment des intérêts des travailleurs qu'il s'agit donc de défendre en s'opposant à lui systématiquement, quel que soit le sujet abordé ;
- la seconde est la recherche de terrains d'entente à partir d'un diagnostic partagé de la situation économique et d'un exposé, par le représentant de l'employeur, des raisons qui motivent ses décisions ; les séances du comité d'entreprise se présentent alors comme des réunions d'information qui permettent à l'employeur de s'expliquer sur sa politique, de tracer des perspectives, d'enregistrer les réactions qu'elles suscitent et de prendre en compte les idées des représentants des salariés.

Selon les cas, c'est la première ou la seconde de ces deux logiques, qui tend à l'emporter. Dans le cas de CE où c'est la logique d'affrontement qui l'emporte, le manager auquel incombe la charge d'en présider les réunions, qu'il s'agisse du directeur général ou du chef d'établissement, y voit souvent une épreuve pénible qui se double d'une perte de temps. Et, lorsqu'une tradition d'affrontement s'est ainsi installée depuis des années, il peut être long et difficile de la faire évoluer dans un sens plus favorable à des échanges véritablement utiles et constructifs.

Au passage, on notera que les informations données par l'employeur au CE sont vite utilisées comme une arme de guerre par ceux des militants qui se recommandent de la lutte des classes. Nombre de dirigeants d'entreprise l'ont vite perçu, qui se sont employés à limiter les informations transmises à celles qui ne pouvaient pas leur être nuisibles. Le législateur a donc été conduit à préciser, dans un sens toujours plus étendu, les informations qui devaient obligatoirement être communiquées au comité d'entreprise : rapport économique annuel, rapports trimestriels, bilan social, plan de formation, etc. La communication de ces documents faisant partie de leurs prérogatives, nombre de CE, à défaut de les consulter en détail, se montrent très vigilants à la fois sur leur contenu et sur le respect des délais prescrits. C'est ainsi que le formalisme en vient parfois à largement l'emporter sur l'esprit d'un véritable dialogue.

Élection des délégués du personnel

Les modalités d'élection des délégués du personnel et des membres du CE, telles qu'elles furent mises en place au lendemain de la guerre, sont un autre exemple de recherche de solutions qui étaient sans doute adaptées aux circonstances mais dont la logique a cessé d'être évidente.

Rappelons-en les grandes règles : un scrutin à la proportionnelle comportant un premier tour et, éventuellement un second tour. Au premier tour, seules peuvent accéder les listes de candidats présentées par les syndicats représentatifs au sein de l'entreprise. En cas de carence (absence de syndicat) ou lorsque le quorum de 50 % de votants n'a pas été atteint, un second tour est alors organisé auquel peuvent se présenter les candidatures d'origine non syndicale (*candidats libres*). Tout cela peut sembler une machinerie assez lourde, mais elle correspond néanmoins à un équilibre bien précis :

- les syndicats se perçoivent comme les représentants naturels des salariés. Dès lors, ceux-ci n'auraient nul besoin de représentants élus. Il leur suffirait, pour se faire entendre, d'adhérer au syndicat et de s'exprimer dans le cadre de ses instances statutaires (assemblée générale) puis par l'intermédiaire de ses représentants. D'où la méfiance des syndicalistes à l'égard du processus électif, en lequel ils pouvaient voir, à l'époque, une machination visant à détourner les salariés de leurs représentants syndicaux. C'est ainsi qu'il fut décidé de leur réserver un « monopole de présentation des candidatures », du moins au premier tour ;

- il fallait néanmoins tenir compte du cas des entreprises où il n'y a pas de présence syndicale ou dans lesquelles celle-ci est trop faible pour susciter une participation électorale significative sur la base de candidatures d'origine syndicale. À moins de rendre obligatoire l'adhésion à un syndicat, c'eût été priver les salariés travaillant, notamment, dans des PME dépourvues de présence syndicale, de toute forme de représentation ; d'où l'organisation d'un deuxième tour, en cas de carence ou de participation électorale insuffisante au premier tour, auquel peuvent se présenter les candidatures libres ;
- un scrutin selon le principe majoritaire (la liste arrivant en tête étant élue au détriment des autres) eût consacré une sorte de monopole au bénéfice de la CGT, de loin la plus fortement implantée au lendemain de la guerre, au détriment de la CFTC et de la CGC qui lui faisaient face. C'est pourquoi, en vue d'assurer le respect du pluralisme syndical, il fut décidé que les élections professionnelles auraient lieu selon un scrutin à la proportionnelle des voix recueillies par les listes en compétition.

Ces dispositions correspondaient ainsi à un subtil équilibre. Les circonstances, toutefois, ont changé. Ainsi ont-elles fait l'objet d'un certain nombre de critiques : ne conviendrait-il pas, selon les uns, d'ouvrir les candidatures, dès le premier tour, à toutes les candidatures, y compris celles qui sont d'origine non syndicale, ou au contraire de supprimer la possibilité d'un second tour et de les restreindre ainsi aux seules listes d'origine syndicale ? Et surtout, ne conviendrait-il pas de revisiter les dispositions relatives à la représentativité syndicale et à la « présomption irréfragable de représentativité » dont bénéficient les syndicats affiliés à une organisation elle-même reconnue représentative au niveau national selon un arrêté qui date de 1966 ?

La section syndicale d'entreprise et le délégué syndical

Pendant longtemps, la plupart des dirigeants d'entreprise se sont absolument opposés à toute forme de présence syndicale au sein de leur entreprise. Pour des raisons qui seront examinées au chapitre suivant, les syndicalistes étaient en effet le plus souvent considérés comme des fauteurs de troubles qui remettaient en cause l'autorité patronale et provoquaient des divisions au sein du personnel. Les patrons s'opposaient donc avec force à toutes les formes que pouvait prendre l'action syndicale sur les lieux de travail : prélèvement de cotisations, distribution de tracts, organisation de réunions ou de meetings. Cette attitude est encore celle de nombreux dirigeants de PME, mais également, dans de plus grandes entreprises, celle de managers qui voient d'abord dans la présence de syndicats une source de difficultés et une perte de temps.

C'est pourquoi, en 1968, ce fut une grande victoire pour les syndicats que d'obtenir une reconnaissance de leur présence dans l'entreprise à travers l'institution de la section syndicale d'entreprise et du délégué syndical. L'un comme l'autre disposeraient désormais de droits reconnus par la loi : affichage d'informations syndicales, possibilité de collecter les cotisations, attribution d'un local, droit d'organiser une réunion mensuelle des adhérents, auxquels allait s'ajouter, en 1982, le droit d'obtenir chaque année l'ouverture de négociations sur un certain nombre de sujets prescrits (« négociation annuelle obligatoire »).

Il importe ici de souligner que la section syndicale n'a pas d'existence autonome ; elle constitue en quelque sorte un bureau de liaison du syndicat qui, lui-même, a une existence extérieure à l'entreprise. C'est donc le syndicat (ou, dit la loi, une « union de syndicats » : fédération professionnelle ou union départementale ou locale) qui procède à la désignation, et éventuellement au « démandatement », du délégué syndical. Et c'est également le syndicat qui saisira la justice lorsqu'il estimera que l'employeur s'est rendu coupable de quelque illégalité.

Cette reconnaissance légale, tardivement intervenue, n'a pas totalement effacé, loin s'en faut, les pratiques antérieures et les comportements auxquels elles donnaient lieu. Certaines entreprises n'ont pas abandonné toute forme de « répression » à l'égard des syndicats, qu'il s'agisse d'une politique voulue par la direction ou de l'initiative de managers locaux peu soucieux d'affronter les militants dont ils redoutent les interventions. Cette attitude se nourrit des comportements abusifs souvent attribués aux syndicalistes et à la piètre image qu'ils donnent parfois d'eux-mêmes. Quant à ces derniers, ils dénoncent volontiers les discriminations, réelles ou supposées, dont ils seraient les victimes.

Protection et moyens d'action des représentants du personnel

Cette crainte permanente, éprouvée par les syndicalistes et, d'une façon plus générale, par les représentants du personnel, d'être les victimes d'une « chasse aux sorcières », explique l'importance qu'ils accordent aux protections particulières dont ils bénéficient. Celles-ci sont de deux ordres :

- d'une part une protection contre les risques de sanctions (et notamment de licenciement) qui seraient liées à leur activité syndicale ou en tant que représentants du personnel. C'est ainsi qu'un salarié mandaté ne peut être licencié qu'avec l'accord de l'Inspection du travail, avec un droit de recours auprès du ministre lui-même ; de même la loi interdit-elle en principe toute forme de discrimination caractérisée, tant en ce qui concerne l'évolution salariale que professionnelle des représentants du personnel. Certaines entreprises ont dû ainsi procéder à des dédommagements importants au bénéfice de syndicalistes qui avaient pu apporter la preuve de discriminations graves à leur égard, leur rémunération ayant progressé moins rapidement, sur une longue durée, que celle des salariés d'une qualification comparable ;

- d'autre part, la possibilité de disposer d'heures de délégation en vue de l'exercice de leur mandat. On verra un peu plus loin que la loi prévoit très précisément le contingent d'heures de délégation dont ils peuvent user à leur guise, à quoi s'ajoute le temps passé en réunions, qu'il s'agisse des réunions de délégués du personnel, de réunions du CE ou de réunions de négociation.

Protection légale et heures de délégation se justifient par la nécessité de préserver les représentants du personnel contre tout risque de comportement abusif à leur égard et de leur dégager du temps, considéré comme temps de travail, en vue de l'exercice de leur mandat. Mais les abus peuvent ne pas être en sens unique. Nombre de managers observent ainsi que les « salariés protégés » utilisent leurs heures de délégation à des fins qui ne correspondent pas nécessairement aux nécessités de leur mandat. Les fonctions représentatives en viennent ainsi à constituer une « rente de situation » qui n'attire pas forcément les meilleurs[1]. Le déclin des convictions fortes qui fondaient le syndicalisme conduit ainsi au risque de voir se multiplier des formes d'engagement qui relèvent de l'opportunisme personnel plus que du souci de promouvoir les intérêts de la collectivité des salariés.

Le cadre légal de la représentation du personnel

Le droit du travail, dans ses tenants et aboutissants, peut sembler excessivement complexe. Or, le manager n'a pas vocation à être un expert en droit du travail. En cas de difficulté ou de simple incerti-

1. Cf. Hubert Landier, *Divorce à la française*, Dunod, 2006.

tude, il aura donc tout intérêt à se faire conseiller ou assister par un représentant de la DRH qui, lui, a vocation à connaître très exactement quels sont les droits et devoirs de chacun. Néanmoins, il ne saurait se dispenser de connaître certaines règles de base. Il lui faut en effet éviter deux travers dangereux :

- le premier consiste à violer, sans même le savoir, les droits des représentants du personnel et à générer ainsi un « délit d'entrave » ;
- le second est de laisser s'installer une atmosphère de laxisme, les représentants du personnel profitant de sa méconnaissance de ses droits et des leurs pour installer des habitudes allant bien au-delà de leurs prérogatives légales.

Les développements qui suivent ne sauraient s'interpréter comme un cours de droit du travail ; il s'agit d'une simple présentation des règles essentielles que le manager devrait connaître en ce qui concerne les droits et devoirs des uns et des autres.

Rôle et droits des délégués du personnel

Les délégués du personnel ont pour mission de représenter les salariés auprès de l'employeur pour toute réclamation individuelle et collective sur les salaires, la réglementation du travail, la protection sociale, l'hygiène et la sécurité. Les *réclamations* se distinguent des *revendications* en ce sens qu'elles visent à obtenir le respect de prescriptions existantes, non des droits ou des avantages nouveaux. Obtenir la réfection du toit du parking à vélos relève du rôle des délégués alors que la création d'une prime de transport représente une revendication qui sera présentée par le délégué syndical. Ils doivent par ailleurs veiller au respect de la réglementation du travail (saisine éventuelle de l'inspection du travail) et au respect des libertés individuelles.

Les DP sont élus pour une durée de quatre ans (ou, si un accord est intervenu en ce sens, pour une durée de deux ou de trois ans). L'élection doit être organisée à l'initiative de l'employeur dans toute entreprise dont l'effectif atteint au moins onze salariés. Les listes de candidatures sont présentées par les organisations syndicales représentatives dans l'entreprise. En cas de carence (absence de candidatures ou taux de participation inférieur à 50 % des électeurs inscrits), un second tour est organisé, où peuvent se présenter des candidatures d'origine non syndicale. Le scrutin a lieu par collèges : ouvriers et employés, agents de maîtrise et cadres.

L'employeur est tenu d'organiser une réunion mensuelle des délégués du personnel. Il doit alors répondre aux questions qui lui ont été posées par écrit sur un registre créé à cet effet et qui, théoriquement, est tenu à la disposition du personnel. Ces réponses orales doivent être confirmées par une réponse écrite sur le registre. Les délégués du personnel peuvent également intervenir directement, et à tout moment, auprès du manager responsable afin d'obtenir de lui les interventions qu'il juge nécessaires ou de plaider la cause de tel ou tel salarié. S'il n'obtient pas satisfaction, il pourra bien évidemment s'adresser directement à la direction de l'entreprise ou de l'établissement, et notamment, s'il en existe un, au DRH ou au RRH. Il est naturellement de l'intérêt bien compris de l'entreprise que les problèmes à traiter le soient de préférence au bon niveau.

En vue d'assumer leur mission, les DP disposent d'un local et peuvent librement circuler dans l'entreprise afin de s'adresser individuellement, sur son poste de travail, à chacun des membres du personnel, ceci à condition de ne pas perturber le travail. En revanche, il leur est interdit de provoquer une réunion ou de distribuer des tracts sur les lieux de travail. Ils disposent en outre d'un crédit de 10 heures par mois si l'entreprise compte moins de 50 salariés et de 15 heures par mois au-delà. Ces heures de délégation peuvent être prises à leur convenance, sachant qu'ils doivent prévenir de leur départ en délégation (dans l'entreprise ou à l'extérieur). Aucun contrôle n'est autorisé, en revanche, sur la façon dont ils utilisent ce quota d'heures de délégation.

Comité d'entreprise et comité central d'entreprise

Le comité d'entreprise est institué dans toutes les entreprises employant au moins 50 personnes. L'employeur est alors tenu d'organiser des élections dans les mêmes conditions que pour les délégués du personnel. Il se compose :

- d'un président, à savoir le chef d'entreprise lui-même, le chef d'établissement ou son représentant mandaté à cet effet ;
- de membres élus, titulaires et suppléants, parmi lesquels sont élus un secrétaire et un trésorier ;
- de représentants syndicaux, dans les entreprises de plus de 300 personnes, dont la mission est de tenir informé leur syndicat de ce qui s'est dit en réunion de CE et qui, par conséquent, ne prennent pas part aux votes.

Comme il a été dit plus haut, le CE intervient dans deux domaines :

- il est chargé de la gestion d'œuvres sociales dont le financement est assuré par une subvention de fonctionnement versée par l'employeur ;
- il est informé et consulté par l'employeur sur toute une série de sujets portant sur l'organisation, la gestion et la marche générale de l'entreprise, sur les mesures envisagées et qui sont de nature à affecter le volume, la nature et la structure des effectifs, sur les conditions de travail, l'emploi, la formation, les conditions de travail, etc.

Les réunions du CE ont lieu une fois par mois (une fois tous les 3 mois dans les entreprises de moins de 150 salariés). À ce rythme mensuel peuvent s'ajouter des réunions extraordinaires, dans le cas notamment où l'entreprise envisage une restructuration accompagnée d'un plan de sauvegarde de l'emploi. L'ordre du jour de la réunion est établi conjointement par le chef d'entreprise et par le secrétaire du CE. Outre le président, les membres élus et les représentants syndicaux, le CE peut accueillir des personnes extérieures, et notamment les experts-comptables diligentés par le CE lui-même, ou encore, sur tel ou tel sujet technique, le chef de service concerné ou un consultant extérieur.

Les votes sont réservés aux membres du CE ayant voix délibérative, à savoir les membres élus titulaires ou les membres suppléants quand ils remplacent un membre titulaire absent. Les discussions du CE aboutissent, dans l'exercice de ses attributions consultatives, à des avis, et dans l'exercice de ses attributions sociales, à des décisions. Avis et décisions sont consignés sur un procès-verbal de réunion (également appelé compte rendu) dressé par le secrétaire, revu par le président et finalement adopté à la réunion suivante du CE en vue de son affichage.

Le CE, pour l'exercice de ses responsabilités sociales, est doté de la personnalité civile et gère son patrimoine. Il peut donc ester en justice et passer des contrats avec des prestataires de services. Il est par ailleurs doté de commissions obligatoires, présidées par un membre du CE titulaire ou suppléant :

- commission formation professionnelle et emploi (entreprises de plus de 200 personnes) ;
- commission information et aide au logement (entreprises de plus de 300 personnes) ;
- commission égalité professionnelle (entreprises de plus de 200 personnes) ;
- commission économique (entreprises de plus de 1 000 personnes).

À cela s'ajoutent évidemment les commissions que le CE crée de sa propre initiative : commission loisirs, commission sports, commission voyages, etc.

Pour l'exercice de leur mission, les membres du CE disposent de prérogatives identiques à celles des délégués du personnel : mise à disposition d'un local, droit de déplacement sur les lieux de travail, crédit d'heures (dans la limite de 20 heures par mois, à quoi s'ajoute le temps des réunions sur convocation de la direction). Le CE bénéficie en outre d'une subvention de fonctionnement, d'un droit de recours à des experts, et notamment à des experts-comptables, ainsi qu'à une formation économique.

Compte tenu de la grande diversité des entreprises, le législateur a dû adapter le droit en conséquence. On notera ainsi les dispositions suivantes :

- dans les petites entreprises (moins de 200 personnes), l'employeur a la possibilité de simplifier ce dispositif en instituant une représentation unique du personnel. Les délégués du personnel tiennent lieu alors de comité d'entreprise dans les conditions prévues pour le fonctionnement de ce dernier ;
- dans les entreprises à établissements multiples, chaque établissement d'au moins 50 salariés dispose de son propre comité d'établissement. Un comité central d'entreprise (CCE) est constitué, composé du chef d'entreprise, de membres élus titulaires et suppléants élus parmi les membres des comités d'établissement, et de représentants syndicaux ; le CCE se réunit au moins deux fois par an en vue d'examiner divers sujets relatifs à la marche générale de l'entreprise. Un comité interentreprises peut de même être constitué en vue de la gestion d'œuvres sociales communes à plusieurs entreprises d'un même groupe.

Le CHSCT

Le CHSCT (Comité d'hygiène, de sécurité et des conditions de travail) concerne les entreprises et les établissements occupant plus de 50 personnes. Ses missions concernent :

- la protection de la santé physique et mentale des salariés ;

- l'amélioration des conditions de travail ;
- l'analyse des risques professionnels ;
- les enquêtes à réaliser en cas d'accident du travail ou de maladie professionnelle.

Le CHSCT se compose de membres avec voix délibérative et de membres avec voix consultative. Les membres avec voix délibérative sont le chef d'établissement et une délégation du personnel regroupant des membres désignés, pour une durée de deux ans, par un collège constitué par les DP et les membres élus du CE. Les membres avec voix consultative sont le médecin du travail, le chef du service sécurité de l'entreprise, s'il y en a un, l'inspecteur du travail, les agents des services de prévention de la Sécurité sociale et les personnes qualifiées auxquelles le CHSCT souhaite faire appel.

Le CHSCT se réunit au moins une fois par trimestre. Il procède à des missions d'inspection et effectue des enquêtes en matière d'accidents du travail et de maladies professionnelles ; il est consulté sur les changements ayant pour effet de modifier les conditions d'hygiène et de sécurité et les conditions de travail (changements technologiques ou d'organisation) ; il coopère à la préparation des actions de formation à la sécurité et peut intervenir en cas de danger grave et imminent. Ses membres disposent d'un crédit d'heures de délégation qui va de 2 heures par mois pour les établissements occupant moins de 100 personnes à 20 heures au-delà de 1 500.

Comité de groupe et comité d'entreprise européen

Prenant acte de ce que les décisions importantes se prennent désormais au niveau du groupe, et non plus à celui des entreprises sur lesquelles celui-ci détient un pouvoir de contrôle, le législateur a voulu instituer une possibilité d'information à ce niveau en faveur des représentants du personnel. Le comité de groupe se réunit à cet effet deux fois par an. Présidé par le PDG de la société dominante, il est constitué de représentants du personnel désignés par les syndicats parmi leurs élus pour une période de deux ans, dans la limite de 30 personnes. Les informations qui doivent être communiquées au comité de groupe portent sur les perspectives économiques de celui-ci, sa situation financière et l'emploi au niveau global et dans chacune des entreprises constitutives. Les comptes et le rapport des commissaires aux comptes lui sont communiqués et il peut lui-même se faire assister par un expert-comptable.

De même, les entreprises ou groupes d'entreprises présentes d'une façon significative dans plusieurs pays de l'Union européenne sont-elles tenues de constituer un comité d'entreprise européen. Sous la présidence du dirigeant de l'entreprise dominante, le comité européen est constitué de représentants du personnel désignés par les syndicats parmi leurs élus ou représentants pour une durée de quatre ans, dans la limite de 30 personnes. Le comité européen doit être réuni au moins une fois par an ; il est informé et consulté sur la situation économique et financière de l'entreprise ou du groupe et sur ses conséquences en ce qui concerne l'emploi.

L'existence du comité de groupe et du comité d'entreprise européen fait parfois redondance. En revanche, la loi ne prévoit rien en ce qui concerne deux autres niveaux au moins de décision : celui des *business units* ou des « divisions opérationnelles » et celui de l'entreprise envisagée dans sa dimension mondiale. C'est pourquoi certains grands groupes ont cherché à pallier cette carence en instituant une instance de représentation du personnel, soit au niveau de chacune de leurs divisions, soit au niveau mondial.

Dans tous les cas, on observera que la loi demande à être adaptée aux réalités de l'entreprise. Des accords sur les conditions d'exercice des fonctions de représentation du personnel ont souvent été conclus afin de fixer le périmètre propre à chacune des instances (DP, comités d'établissement, CHSCT). Dans une entreprise très éclatée entre de multiples petits établissements, les DP, par exemple, peuvent être élus au niveau de l'agence, de la succursale ou du magasin et les comités d'établissement constitués au niveau régional. De même, « l'unité économique et sociale » de diverses entités d'un même groupe peut-elle être reconnue en vue de constituer à son niveau les instances de représentation prévues par la loi.

Délégué syndical et section syndicale d'entreprise

La section syndicale est constituée par le seul fait de la désignation d'un délégué syndical. Si celui-ci a été désigné par une organisation syndicale reconnue représentative au niveau national – ce qui désigne la CGT, la CFDT, la CGT-Force Ouvrière, la CFTC et la CFE-CGC – il bénéficie d'une présomption irréfragable de représentativité. S'il a été désigné par une organisation qui n'est pas reconnue représentative au niveau national, il doit apporter la preuve de sa représentativité dès lors que celle-ci est contestée, soit par l'employeur, soit par un autre syndicat ; la question se traite donc devant le juge d'instance, qui prendra notamment en considération ses effectifs, son indépendance, ses rentrées de cotisations, ainsi que l'expérience et l'ancienneté de ses dirigeants.

La désignation du délégué syndical doit être signifiée à l'employeur par lettre recommandée, soit par la fédération professionnelle, soit par l'union interprofessionnelle locale ou départementale[1]. Elle est sans limite de temps, mais l'organisation qui a désigné le délégué syndical peut à tout moment mettre fin à son mandat, ce qui peut arriver lorsqu'elle estime qu'il ne se conforme pas aux principes du syndicat dont il se recommande. En fait, le démandatement, quand il intervient, est souvent le résultat d'un grave conflit interne. Chaque organisation syndicale, dès lors que sa représentativité ne fait pas de doute, peut désigner entre 1 et 5 délégués syndicaux selon la taille de l'entreprise ; lorsqu'ils sont plusieurs, l'un d'entre eux fait office de délégué syndical central.

1. On verra au chapitre suivant quelle est l'organisation interne des centrales syndicales.

La section syndicale collecte les cotisations, affiche les informations syndicales sur les panneaux réservés à cet effet et diffuse des tracts et des publications. Elle peut organiser dans l'entreprise une réunion mensuelle de ses adhérents. L'employeur, dès lors que l'établissement occupe plus de 200 personnes, est tenu de mettre à sa disposition un local. Quant aux missions du délégué syndical, ce sont les suivantes :

- il représente le syndicat auprès du chef d'entreprise ;
- il négocie le protocole préélectoral en vue des élections professionnelles et désigne le représentant syndical au CE ;
- il exprime les revendications mises en avant par son syndicat et négocie avec la direction dans le but de parvenir à des accords d'entreprise.

Par ailleurs, c'est le délégué syndical qui anime la section syndicale pour le compte du syndicat qui l'a désigné. C'est lui, notamment, qui établit les listes qui seront présentées aux élections de DP d'une part, de CE d'autre part. D'un point de vue syndical, il dispose ainsi sur les élus d'un pouvoir certain puisque c'est lui qui décide de la composition des listes. Ce pouvoir entre parfois en compétition avec celui du secrétaire du CE qui, lui, dispose de moyens financiers plus importants. Cette rivalité se manifeste, soit en cas de divergence d'orientation, soit en cas de mésentente entre les militants au sein de la section syndicale, ce qui n'est pas rare.

Modalités pratiques de fonctionnement des instances représentatives

Le fonctionnement des instances de représentation du personnel ne saurait se réduire à la simple observation des règles légales. Elles peuvent donner lieu à des affrontements ou, au contraire, être un lieu de résolution des problèmes. Les relations qui se nouent entre l'encadrement et les représentants du personnel, la façon dont sont conduites les réunions des différentes instances, préjugent ainsi du climat social dans l'entreprise. Or, comme on le verra plus loin, celui-ci peut conditionner largement son efficacité, sa réactivité et sa capacité à faire face aux difficultés qu'elle doit surmonter. C'est pourquoi les relations avec les représentants du personnel ne sauraient être négligées ou considérées comme une corvée d'importance secondaire. La façon dont elles sont assumées fait partie des conditions de la réussite globale de l'entreprise.

À cela, il convient d'ajouter que le fonctionnement des instances de représentation du personnel doit être envisagé dans une optique pédagogique, et ceci dans les deux sens ; elles constituent, pour la direction de l'entreprise, un moyen de se faire mieux comprendre et d'initier ses interlocuteurs aux difficultés qu'elle s'efforce de surmonter. Mais elles constituent aussi pour les représentants du personnel un moyen de faire mieux connaître l'état d'esprit et les préoccupations de leurs mandants face aux changements qu'ils ont à assumer. Elles constituent, autrement dit, les lieux d'un dialogue qui, même s'il peut sembler peu aisé, reste indispensables à la bonne santé du corps social que constitue l'entreprise.

Les délégués du personnel

Comme on l'a vu, le rôle des délégués du personnel est de présenter les réclamations individuelles et collectives des salariés. Dans cette fonction, ils peuvent être assistés par un délégué syndical. Le terme « réclamation » a un sens précis à différencier du terme « revendication » qui est communément employé par les militants syndicaux. La réclamation se situe dans le cadre de l'application des dispositions légales et conventionnelles en matière de conditions de travail, de sécurité et de rémunération. La revendication suppose l'acquisition de nouveaux droits dont la négociation éventuelle est de la responsabilité des délégués syndicaux.

Les délégués du personnel disposent de plusieurs voies de réclamations possibles :

- ils peuvent intervenir directement auprès des responsables hiérarchiques, accompagnés ou non des personnes concernées ;
- ils peuvent présenter leurs réclamations lors de la réunion mensuelle obligatoire avec le chef d'entreprise ou son représentant ; celles-ci doivent être remises au minimum deux jours avant la réunion et l'employeur sera tenu de répondre dans les six jours ouvrables ;
- ils peuvent les consigner dans un registre mis à la disposition des délégués par l'employeur, sur lequel ce dernier doit répondre par écrit dans le même délai de six jours ;
- ils peuvent éventuellement saisir l'inspecteur du travail des anomalies qu'ils constatent dans l'application des dispositions légales et conventionnelles.

L'intervention d'un délégué du personnel auprès d'un membre de l'encadrement est toujours un moment important auquel ce dernier n'est pas toujours bien préparé. Un délégué averti saura enchaîner les interventions auprès de différents responsables afin de tirer profit des divergences qu'il pourrait constater. Il cherchera également à créer une jurisprudence locale dans le traitement des problèmes quotidiens de l'atelier ou du service.

Lors de la réception mensuelle des délégués du personnel, sont traitées les questions qui ont fait l'objet d'une consignation écrite préalable. On y trouve :

- des questions d'ordre général qui sont la transcription de la politique revendicative du syndicat et qui servent à faire de la réunion un lieu privilégié pour les syndicalistes tribunitiens ;
- des questions particulières que la hiérarchie n'a pas su ou pas voulu traiter ;

- des questions que les représentants du personnel ont collectées sans les traiter directement avec les membres de l'encadrement immédiatement concernés ;
- des questions nouvelles comme des questions récurrentes ;
- des questions de portée locale et d'autres qui peuvent avoir un impact sur l'ensemble de l'entreprise.

Avant de répondre aux questions, le représentant de l'employeur aura toujours intérêt à :

- faire le tri entre les différentes questions et réfléchir sur les stratégies qui les sous-tendent : s'agit-il d'affirmer l'identité syndicale, de mettre en difficulté un membre de l'encadrement en portant sur la place publique des problèmes locaux, ou encore, d'une manifestation de la concurrence existant entre les différents syndicats ?
- évaluer la portée des questions : cette réclamation individuelle a-t-elle une signification plus générale ? Est-elle l'amorce d'un changement dans les comportements ou dans les attentes du personnel ?
- se renseigner de manière précise sur l'historique de la question ou les réponses qui ont pu être faites en d'autres lieux et à d'autres moments, ceci afin de réexaminer le problème à la lumière du contexte actuel ;
- analyser les questions avec les managers directement concernés afin d'apporter une réponse en cohérence avec les positions qu'ils ont pu prendre précédemment ou de gérer un aménagement possible qui n'apparaisse pas comme un désaveu de la hiérarchie.

À l'issue de la réunion, une information à l'intention de l'ensemble des responsables concernés par les sujets abordés, permettra d'assurer la cohérence de l'action. Assez souvent, les organisations syndicales publient un compte rendu écrit de la réception mensuelle. Il faut être attentif à la manière dont les réponses de la direction sont alors présentées. Les représentants du personnel rendent compte également individuellement aux salariés pour lesquels ils sont intervenus. L'encadrement doit être en mesure de pouvoir se positionner clairement. Rien de plus terrible pour un responsable hiérarchique que de prendre connaissance par le tract du matin de la décision concernant une question sociale à laquelle il a été mêlé.

Dans nombre d'entreprises, la réunion des délégués du personnel est jugée par la direction comme étant inintéressante, peu productive, et finalement inutile. Il est vrai que, bien souvent, cette réunion s'est transformée en une joute verbale ou, au contraire, a sombré dans la léthargie. On peut toujours essayer d'en faire un lieu plus constructif en s'armant de patience, de pédagogie et de détermination, en commençant par instaurer un autre style de relations. Il est étonnant de constater que certaines entreprises engagent des négociations complexes sur l'aménagement du temps de travail alors qu'elles peinent à traiter, par la voie du dialogue, des questions bénignes dans des instances qu'elles ont laissées se scléroser.

La réception mensuelle peut être également le lieu privilégié d'écoute et d'observation sociale :

- le face-à-face avec les délégués renseigne sur l'acuité des problèmes ;
- la fréquence des questions, leur nouveauté, leurs formulations et reformulations successives, sont autant d'aspects qui doivent susciter des interrogations ;
- les questions diverses sont souvent plus spontanées et plus authentiques ;
- la participation à cette réunion, le dépôt régulier ou non de listes de réclamations et de revendications, la sectorisation géographique ou catégorielle des questions posées, constituent autant de moyens de mesurer la motivation et l'activité des délégués du personnel et du syndicat dont ils se réclament ;
- la nature des relations entre les différentes organisations syndicales peuvent s'y révéler, ainsi que les tensions entre les militants et les thèmes qui les opposent.

Enfin, pour un chef d'entreprise, un directeur de site ou un responsable des relations sociales, la réception des délégués du personnel faisant suite aux élections professionnelles est toujours un moment de découverte, dans l'exercice de leur nouvelle fonction, des nouveaux élus. Ce premier contact peut être important. Un nouveau délégué du personnel attachera de l'importance à cette réunion car il n'y est pas nécessairement très préparé. Même s'il se montre maladroit ou confus, il souhaite peut-être intervenir sur un sujet qui lui tient à cœur. Parler dans ce cadre intimidant peut représenter pour lui un gros effort qui ne doit pas être anéanti par des réponses à l'emporte-pièce, ou pire, par du mépris ou de la moquerie. C'est souvent dans ces premiers contacts que se noue le respect mutuel ou, au contraire, une aversion qui sera peut-être lourde de conséquences ultérieures.

Le comité d'entreprise

Le comité d'entreprise est au carrefour des logiques qui se côtoient au sein de l'entreprise. Les salariés en apprécient généralement l'utilité, la participation aux élections de comités d'entreprise n'a que faiblement chuté ces vingt dernières années. Au-delà des murs de l'entreprise, les CE sont une composante lourde de la vie sociale française. En période de vaches grasses, ce sont évidemment les activités sociales du comité qui retiennent essentiellement l'attention des salariés. Il y a de bons CE, dont les prestations sont intéressantes, et de mauvais CE, dont le catalogue d'activités est jugé peu satisfaisant ou parmi lesquelles les élus ont la réputation de se servir en premier. La façon dont leurs représentants gèrent le CE constitue pour le syndicat une vitrine qui conditionnera son image. Quoi qu'il en soit, les activités sociales sont un bon moyen de souder une communauté et de créer des liens d'amitié qui joueront en d'autres circonstances. Toutefois, il arrive souvent que ces activités soient, de fait, pratiquées uniquement par une partie du personnel ; dans ce cas, les clivages sociaux en seront accentués.

Les militants qui s'impliquent dans l'animation des activités du comité ont rarement le même profil que les militants investis de responsabilités revendicatives. Dans une grande entreprise, le secrétaire du comité gère un budget parfois conséquent et emploie du personnel. Des conflits importants naissent au sein des équipes syndicales sur les décisions de gestion que la vie du comité nécessite. Cela va parfois jusqu'à des scissions ou des exclusions.

De même, lorsqu'une entreprise se restructure, fusionne ou se scinde, le devenir du comité est toujours une question cruciale. Les gestionnaires syndicaux ont tendance à souhaiter maintenir les choses en l'état. Souvent, ils recréent un comité interentreprises sur les ruines d'un comité d'une entreprise qui s'est fractionnée en plusieurs établissements. Il s'agit là d'un moyen pour eux de préserver la communauté salariée au-delà des vicissitudes de la configuration juridique de l'entreprise.

Dans certaines entreprises de tradition industrielle ancienne, le comité continue, en fonction de ses possibilités économiques, de proposer des activités aux retraités et préretraités. C'est une façon pour lui d'assurer la continuité des générations et de maintenir une culture d'entreprise, des traditions, auxquelles tiennent les syndicalistes.

Ce sont toutes ces raisons qui doivent conduire les présidents de comité et leur équipe à s'intéresser aux activités sociales. En ce qui concerne par ailleurs le volet économique de l'activité du comité d'entreprise, il est permis d'insister sur un certain nombre de points. Le rôle de président du comité d'entreprise, en effet, ne saurait s'improviser et suppose, en vue d'éviter toute dérive ou d'en corriger les effets, l'observation d'un certain nombre de règles pratiques d'animation :

- le comité est un lieu d'information privilégié, où le fonctionnement de l'entreprise peut être décortiqué, où les enjeux économiques peuvent être expliqués. Certes, représentants du personnel et direction n'ont pas la même vision des choses : les uns parlent emploi alors que les autres parlent rentabilité. Mais les batailles d'indicateurs peuvent laisser place à des échanges plus constructifs. C'est à la direction d'en prendre l'initiative ;

- il faut éviter de transformer le comité d'entreprise en une super-réunion de délégués du personnel où convergeraient toutes les réclamations et revendications qui n'auraient pas été traitées dans les autres instances. Cela suppose de la fermeté, venant du président, dans la tenue de l'ordre du jour ;
- le comité, au regard de la loi, n'est pas un lieu de négociation : c'est une instance d'information et de consultation. Ces prérogatives du comité deviennent prépondérantes en période de crise. À défaut d'avoir les moyens de peser sur le contenu des dossiers, les représentants du personnel utiliseront alors l'ensemble des moyens de procédure qui sont à leur disposition, dont le fameux délit d'entrave. Il est difficile d'éviter ce jeu sur les procédures, mais une consultation bien menée, articulée avec une conduite du dossier efficace, peut ouvrir un autre espace de discussion moins stérile ;
- enfin, il convient d'éviter de faire du comité un lieu de prédilection pour les attitudes tribunitiennes en s'efforçant de désamorcer les polémiques par le traitement factuel et concret des dossiers.

En résumé, les compétences requises pour présider un comité d'entreprise sont les suivantes :

- maîtriser le champ des attributions du comité et notamment les cas où il doit être informé et consulté ;
- maîtriser les règles juridiques de base en matière de fonctionnement, de procédure et de délibération ;
- avoir une bonne connaissance des techniques d'animation de réunion afin d'endiguer l'agressivité de membres contestataires, de faire face aux débats idéologiques, de favoriser l'expression de toutes les sensibilités du comité et de mettre en évidence les aspects positifs du travail commun quand cela est possible ;

- savoir expliquer aux représentants du personnel, dans un langage accessible, les sujets économiques, industriels et commerciaux importants ;
- avoir un bon relationnel avec le secrétaire, avec qui il lui faut convenir de l'ordre du jour et de la rédaction du procès-verbal, ce qui n'est pas simple dans les périodes délicates ;
- savoir déléguer à des collaborateurs compétents l'explication de sujets particuliers ou à des responsables opérationnels le traitement des sujets qui concernent leur périmètre.

Conduire une réunion avec les représentants du personnel

La conduite des réunions avec les représentants du personnel nécessite d'appréhender la manière dont celles-ci s'articulent avec les relations informelles qui constituent le socle des relations sociales dans l'entreprise. Lorsqu'une réponse négative à une réclamation est fournie aux représentants du personnel, il faut anticiper la façon dont ceux-ci répercuteront l'information aux salariés concernés. *A contrario*, sur un sujet difficile sur lequel on pense pouvoir engager une coopération utile avec les délégués, il est indispensable d'imaginer la façon dont ceux-ci pourront, de leur point de vue, communiquer avec le personnel.

D'une manière plus générale, un manager ou un responsable de relations sociales cherchera à comprendre et s'imprégner de la logique de pensée des syndicalistes, qui est souvent plus contextuelle que conceptuelle. Ils partent des faits et systématisent à partir de quelques exemples. Ce mode d'appréhension a l'inconvénient de les confiner souvent dans une vue sectorielle, mais il est porteur de la richesse du réel et de sa diversité. Dans une réunion avec des délégués, l'abstraction, le langage statistique, n'ont pas toujours les effets qu'ils peuvent avoir dans une réunion de conseil d'administration. Pire, un concept familier, mais trop vague, peut être incompris ou faire l'objet d'interprétations erronées par les représentants des salariés. Ceux-ci peuvent avoir alors le sentiment d'être méprisés ou même trompés et se retrancher sur leurs positions. Il est donc fondamental, pour bien conduire les réunions d'instances représentatives, d'être attentif aux modes de perception des représentants présents.

Plus pratiquement, dans bien des entreprises, le comité d'établissement met en présence des syndicalistes de sensibilités différentes. La conduite d'une réunion doit donc être fonction de la configuration syndicale. Les points de vue différents peuvent reposer sur des conflits de personnalité, sur la représentation d'intérêts catégoriels différents, ou sur des considérations idéologiques. La tendance naturelle est de s'enfermer dans une discussion bilatérale et animée avec le leader de l'organisation syndicale qui souhaite occuper le centre de l'arène. Un président emporté par un débat polémique perdra l'écoute de syndicalistes conciliants qui, devenant spectateurs, pourront être tentés de rentrer à nouveau dans le jeu en pratiquant la surenchère. Les militants les plus violents dans leur façon de s'exprimer renforcent leur position quand on les suit sur leur terrain et qu'ils peuvent ainsi être le pivot d'une logique tribunitienne.

En règle générale, on évitera de se laisser engager dans des débats idéologiques ou de répondre aux attaques personnelles par une égale agressivité. Le risque est d'y passer du temps, de renforcer l'énergie de celui dont on cherche à dénoncer le comportement, de s'enfermer dans un affrontement bilatéral, de perdre son sang-froid et de risquer le dérapage qui entraînera dénonciation publique et culpabilisation.

Tout au contraire, le président de CE ou le représentant de la direction lors d'une réunion de DP devra s'efforcer :

- de faire en sorte que les différentes sensibilités, à commencer par les plus discrètes, puissent s'exprimer ;
- d'éviter en permanence le dérapage dans des considérations générales ou idéologiques en recentrant en permanence le débat sur les sujets concrets à traiter ;

- d'éviter de même toute dérive vers des sujets extérieurs au rôle spécifique de chaque instance ;
- d'obtenir un respect absolu des personnes et de s'opposer à toute déclaration présentant un caractère injurieux à l'égard de quiconque ;
- de traiter des différents sujets abordés en tenant compte du niveau d'information des représentants du personnel et en les accompagnant des explications nécessaires pour que les enjeux soient effectivement compris par chacun ;
- de prendre en considération les points de vue exprimés afin d'en enrichir, autant que possible, les positions qui seront en définitive adoptées et de donner à chacun le sentiment qu'il a été effectivement écouté ;
- de chercher à transformer des relations d'agressivité en des relations de coopération, même limitées, fondées sur un respect mutuel et sur l'observation de « règles du jeu » acceptées par les uns et par les autres ;
- de mettre en avant l'impératif supérieur que représente le bon fonctionnement de l'entreprise, eu égard à l'emploi qu'elle représente pour les salariés.

La gestion du crédit d'heures de délégation

Comme on l'a vu plus haut, le législateur, pour cette mission de représentation, a assorti chaque mandat, représentatif ou désigné, d'un crédit d'heures de délégation. À l'époque où la régulation sociale passait encore exclusivement par une relation prépondérante avec les organisations syndicales, de nombreuses entreprises et notamment les plus grandes, ont par ailleurs complété les dispositions du code du travail par des accords sur l'exercice du droit syndical. Ces accords prévoient en général l'augmentation du crédit d'heures, l'augmentation du nombre de représentants syndicaux, ou encore l'attribution d'un crédit d'heures aux suppléants, la globalisation des crédits existants ou leur gestion sur une période de temps pluri-mensuelle. D'une manière générale, les accords sur l'exercice du droit syndical s'attachent plus aux moyens de la mission qu'à la mission elle-même.

Dans les entreprises, les pratiques autour de la gestion de ce crédit d'heures sont extrêmement variables et il n'est pas inutile ici d'en rappeler les quelques règles de base :

- le crédit d'heures de délégation, rémunéré comme temps de travail, est par principe réservé strictement à l'exercice de la fonction de représentant du personnel. Le chef d'entreprise peut saisir le conseil des prud'hommes s'il estime que le temps de délégation est détourné de sa vocation. Toutefois, jusqu'à décision de celui-ci, la rémunération du délégué concerné sera maintenue ;
- ces obligations s'entendent dans la limite du crédit d'heures légal. Des circonstances exceptionnelles, si la raison en est établie, peuvent générer du temps de délégation excédentaire. À défaut de justification, le salaire n'est pas dû et des sanctions disciplinaires sont alors envisageables ;
- hormis le crédit d'heures des délégués syndicaux, les heures de délégation sont attachées à chaque représentant et à chaque mandat et ne peuvent faire l'objet d'une redistribution entre les élus d'une même liste ou entre les différents mandats lorsque ceux-ci sont cumulés par une même personne ;
- enfin, un représentant du personnel peut parfaitement exercer sa mission en dehors de son horaire habituel de travail ou en dehors de l'entreprise

Le degré de rigueur, dans la manière dont s'effectue la prise des heures de délégation par les représentants du personnel, est souvent révélateur de la nature des relations sociales qui se sont développées dans l'entreprise. L'absence de contrôle est souvent synonyme de relations sociales dégradées, de concessions excessives devant un pouvoir syndical immodéré ou, au contraire, d'une représentation du personnel marginalisée et coupée de la vie de l'entreprise. Dans certains cas, il s'agit de l'aboutissement d'une lente dérive : dans un premier temps, l'entreprise s'abstenait de tout contrôle compte tenu de l'existence de relations conviviales et de l'absence d'abus ; puis, peu à peu, les relations interpersonnelles d'autrefois ont laissé place, avec le renouvellement des instances, à des comportements plus ou moins abusifs.

Après une période de laisser-aller, le retour à un mode de gestion normal des heures de délégation est souvent un exercice difficile susceptible d'envenimer profondément les relations entre direction et organisations syndicales. Le retour à des règles normales peut être facilité lorsque des dirigeants syndicaux d'une part, les salariés d'autre part, perçoivent la détérioration des motivations et de l'éthique des représentants du personnel. Le non-paiement des heures de dépassement de crédit doit toujours s'accompagner d'un dialogue portant sur le rappel des règles et de leur nécessité, et ne doit jamais prendre la tournure d'un règlement de compte et encore moins s'apparenter à de la discrimination syndicale.

Il est toujours utile de prévoir et de respecter des modalités précises de gestion quotidienne du crédit d'heures de délégation. Ces modalités doivent être érigées en règles connues de tous. Cette gestion quotidienne est au cœur de la relation entre le représentant du personnel et son supérieur hiérarchique. Les procédures peu claires font le lit de toutes les rigueurs excessives ou des arrangements indicibles. Un document simple (bon de délégation, bordereau, etc.), informant l'employeur sur les heures de départ et de retour du délégué à son poste de travail simplifie la vie quotidienne dès l'instant ou il ne s'apparente pas à un outil de surveillance.

La manière dont s'effectue la prise des heures de délégation est souvent révélatrice également de la manière dont un représentant du personnel conçoit sa mission et de la façon dont il décide d'articuler sa vie professionnelle et sa vie militante. L'utilisation des heures de délégation implique la modification du rapport au collectif de travail auquel il appartient et pose la question de la contribution du délégué aux objectifs de l'équipe. Un élu qui n'utilise pas ses heures de délégation peut être en désaccord avec son organisation syndicale ou penser s'être fourvoyé en s'engageant. Il peut également tenir à sa crédibilité en maintenant un engagement professionnel conséquent ou penser aux possibilités d'évolution professionnelle dont il escompte pouvoir bénéficier.

L'affaiblissement du syndicalisme en France s'est accompagné d'un accroissement parallèle de ses obligations institutionnelles. Les conséquences directes en ont été la difficulté croissante des organisations syndicales à présenter des candidats aux divers postes qu'elles étaient susceptibles de pourvoir. Bien souvent, il s'en est suivi un recrutement de plus en plus aléatoire des candidats, une différenciation entre des candidats de complaisance et des militants réellement engagés. La pratique à temps plein des activités de représentation s'est développée avec le cumul des différents mandats. Cette tendance s'est accentuée dans les petites sections syndicales et le cumul des mandats est progressivement devenu un frein au partage des responsabilités et au renouvellement des vocations. En raison du cumul des mandats électifs ou désignés, il n'est pas rare de se trouver face à de véritables quasi-permanents. Aussi, il est probable qu'une limitation du cumul des mandats serait un facteur de renouvellement des représentations syndicales, un tel cumul incitant souvent au développement de stratégies visant à conserver une situation personnelle privilégiée.

On verra, au chapitre 3, que le manager doit accorder une grande importance à la façon dont le salarié investi d'un mandat de représentation du personnel parvient à concilier la façon dont il s'acquitte de son mandat et les obligations liées à la fonction qu'il occupe dans l'organisation de l'entreprise. La prise des heures de délégation constitue un facteur fréquent de conflits. D'où la nécessité de règles pratiques de bon voisinage.

Chapitre 2

Le syndicalisme et l'entreprise

Qu'ils l'aient souhaité ou non, managers et DRH, au moins dans les grandes entreprises, sont le plus souvent confrontés à la présence de syndicats. Ils entretiennent avec leurs représentants des rapports qui vont des relations de bon voisinage à des rapports beaucoup plus tendus, marqués par une logique d'affrontement et d'exclusion. Toutefois, malgré ces difficultés, ils parviennent parfois à entretenir avec leurs interlocuteurs des relations constructives, cherchant par le dialogue à trouver des solutions mutuellement avantageuses pour l'entreprise et pour les salariés qu'elle emploie.

Comme on le verra un peu plus loin, ces relations difficiles sont un produit de notre histoire. C'est d'abord celle-ci qui explique à la fois la domination des relations sociales par une logique d'affrontement, qui rend toujours difficile la recherche de compromis, et un émiettement croissant du syndicalisme français, qui se traduit par l'existence d'une dizaine d'organisations concurrentes au niveau national. Il en résulte une situation sociale complexe, incertaine et souvent déroutante.

La construction de relations positives avec les syndicalistes est toutefois possible. Mais elle suppose de comprendre à la fois leur culture, leurs références et le mode de fonctionnement des organisations dans lesquelles s'insère leur action. À défaut d'une telle compréhension, managers et DRH s'exposent à deux risques préjudiciables, à la fois pour eux-mêmes et pour l'entreprise qu'ils représentent :

- mal interpréter le comportement de leurs interlocuteurs. Par exemple, un tract, en début de négociation, dénonçant « le caractère inacceptable des propositions de la direction » peut signifier que le syndicat, en gros, en accepte le principe. Encore faut-il savoir décoder le message ;
- s'enfermer dans des préjugés plus significatifs de l'ignorance de celui qui les met en avant que de la réalité de ce qu'il décrit. Affirmer par exemple que « la CGT ne signe jamais » est une opinion largement infirmée par la fréquence des accords d'entreprise entérinés par ses représentants.

Le présent chapitre vise à proposer un certain nombre de clés de compréhension : d'où vient l'image volontiers belliqueuse que se donnent les syndicats en France ? Comment expliquer qu'ils soient si nombreux et qu'ils se montrent si peu capables d'agir d'une façon unitaire ? Comment fonctionne une organisation syndicale ? Quelles sont les motivations et les préoccupations qui animent le syndicaliste dans l'entreprise ? Comment, autrement dit, se comporter avec lui d'une façon qui soit intelligente ?

Spécificités des relations sociales en France

Le comportement du syndicaliste s'explique à la fois par son comportement personnel (le milieu dans lequel il a vécu, sa formation, les expériences bonnes ou moins bonnes dont il garde le souvenir), par les réalités auxquelles il s'efforce de faire face (le comportement de la direction, la situation économique de l'entreprise, etc.) et par les références culturelles qui tendent à influencer son action et sa perception de la situation. Ces références culturelles lui viennent :

- de la tradition qui lui a été transmise par les anciens du syndicat ou par des collègues déjà syndiqués, parfois investis de responsabilités syndicales, dans son entreprise ou dans une autre, et qu'il aura été amené à consulter pour obtenir un avis ou un conseil ;
- des orientations de l'organisation dont il se recommande, telles qu'il les connaît à travers les relations qu'il entretient avec ses représentants à différents niveaux, à travers les réunions, les stages de formation, les congrès ;
- des analyses et des recommandations dont il peut prendre connaissance dans les publications syndicales qui lui sont destinées.

C'est tout ce « bouillon de culture » qui va l'aider à se faire une idée des situations concrètes qu'il vit dans l'entreprise et à les interpréter, parfois à sa manière, afin de tenter d'y faire face. Le passé y tient une place importante. C'est lui qui explique à la fois les difficultés du « dialogue social » et la division des syndicats entre organisations à la fois rivales et divergentes quant aux principes d'action qui les animent.

Négociation ou confrontation ?

Les relations sociales, en France, posent problème, d'abord, parce qu'elles se fondent sur une tradition de confrontation qui fait souvent la part belle aux invectives par rapport à la recherche pragmatique de solutions qui soient à la fois équitables et réalistes. La légitimité des acteurs sociaux, en second lieu, apparaît comme fragile, compte tenu de la faible influence que globalement ils exercent auprès de leurs mandants. D'où il résulte – en troisième lieu – une tendance de l'État à se substituer, sans concertation préalable, à des corps intermédiaires faibles et souvent défaillants.

Une telle situation représente un cercle vicieux : l'État est conduit à intervenir directement sur le champ des relations sociales compte tenu du peu d'ampleur de la négociation collective ; mais ses interventions contribuent à discréditer un peu plus la négociation collective et à réduire encore le rôle des « corps intermédiaires » que sont les organisations syndicales et patronales. Ce cercle vicieux représente lui-même l'aboutissement d'un processus historique dont la logique se poursuit à travers les situations concrètes lors desquelles les managers peuvent être conduits à intervenir personnellement.

Le poids de l'histoire : le caractère décisif de la loi Le Chapelier (1791)

L'Assemblée constituante, en 1791, adopte un texte qui sera resté connu sous le nom de « loi Le Chapelier ». Ce texte vise à interdire la constitution de « corps intermédiaires » susceptibles de faire écran entre le citoyen et l'État. Il s'agit, selon la philosophie individualiste de l'époque, d'en finir avec les privilèges et, plus immédiatement, de maîtriser l'agitation qui gagne le Faubourg Saint-Antoine face à l'augmentation du prix du pain.

La première conséquence de cette loi, ce fut de « criminaliser » toute forme d'action professionnelle collective. Corporations, compagnonnages, métiers, guildes et jurandes sont donc mis hors-la-loi. La plupart vont disparaître. Seuls subsisteront, plus ou moins clandestinement, certains compagnonnages. Mais surtout, quelques décennies plus tard, les ouvriers, dans la grande industrie naissante, seront empêchés de s'organiser en vue d'obtenir une amélioration de leurs conditions d'emploi. Tout effort en ce sens relève du délit de coalition et se traite au pénal. Les leaders ouvriers, les « meneurs », comme on les appelle, sont hors-la-loi.

La situation actuelle doit donc se comprendre ainsi : les syndicats se sont créés dans une atmosphère de rejet. Ils n'agissaient pas, alors, dans un cadre institutionnel reconnu mais à l'encontre de l'ordre politique et social existant. Ils n'avaient aucun moyen de dialoguer ou de négocier et la seule possibilité d'action qui leur restait était par conséquent de prendre la tête des révoltes ouvrières quand il s'en produisait. D'où une tradition de violence qui a perduré, qui se retrouve dans le langage syndical (« les luttes syndicales ») et que, plus tard, exprimera le marxisme.

La seconde conséquence de la loi Le Chapelier fut de conduire le syndicalisme à contester la légitimité de cet ordre politique et social qui lui interdisait le droit à l'existence. On va donc imaginer une « autre société », au-delà de la « grève générale » selon les uns, de la « révolution » selon les autres. Cette société, future, on l'imaginera fondée sur la « gestion directe de l'atelier » (c'est ce que proposent les anarchistes), ou sur la « propriété collective des moyens de production » (c'est ce que suggèrent les marxistes). Autrement dit, faute de possibilité pratique d'intervention sur les réalités immédiates, le syndicalisme va s'évader dans le monde des idées. Les idées vont conduire à des débats, les débats à des controverses et à des luttes d'influence, et les luttes d'influence à des scissions, d'où un syndicalisme qui n'a cessé de se diviser.

Un syndicalisme qui ne se reconnaît pas dans l'ordre politique et social parce qu'il en est exclu, un enfermement dans la violence (même si elle est devenue presque exclusivement verbale), une fuite dans les idées et dans les utopies, des controverses internes porteuses de divisions et de scissions : tel est le fond du tableau. C'est sur celui-ci que vont s'inscrire les efforts visant à passer de relations de confrontation à des relations de dialogue et de négociation. D'abord avec la reconnaissance du fait syndical, même s'il était implicitement admis depuis une vingtaine d'années, par la loi Waldeck-Rousseau de 1884. Les syndicats peuvent désormais légalement se constituer, mais ce n'est pas pour autant que la négociation va s'engager ; il faudra, pour cela, attendre 1919 et la première loi sur les conventions collectives.

Les relations sociales vont dès lors évoluer selon un triple processus. Il y aura d'une part des crises sociales, dans la tradition de l'affrontement, qui déboucheront, pour chacune d'entre elles, sur des « avancées » : les 40 heures, les congés payés et les délégués du personnel élus en 1936, la section syndicale d'entreprise en 1968. Il y aura par ailleurs les interventions du gouvernement : généralisation des délégués du personnel et institution des comités d'entreprise au lendemain de la guerre, institution de la négociation annuelle obligatoire en 1982. Enfin, il convient de tenir compte de l'effort, venant de personnalités politiques, patronales et syndicales, pour faire évoluer les relations sociales de l'affrontement à la négociation. C'est ainsi que le propos tenu en 1919 par Léon Jouhaux, alors secrétaire général de la CGT : « Passer d'une politique du poing tendu à une politique de présence dans les affaires de la nation », conserve toute son actualité. Albert Thomas, Gaston Tessier ou François Ceyrac, pour ne citer que ceux-là, apparaissent ainsi comme les promoteurs d'un monde du travail réconcilié.

Les incertitudes du présent : rôle du contrat et représentativité syndicale

Cette histoire sociale tumultueuse a ainsi débouché sur une situation complexe, qui fait parfois penser à l'intérieur d'une boutique de brocanteur. On y trouve en effet une accumulation désordonnée d'idées contradictoires, de contentieux et d'exclusions, de principes et d'*a priori*, de textes et de pratiques, qui ont en commun de relever du passé et de circonstances qui n'ont souvent plus rien à voir avec la situation actuelle.

On n'en prendra qu'un seul exemple : les modalités d'élection des délégués du personnel et des comités d'entreprise, que l'on a examinées au chapitre précédent. Elles représentent un équilibre qui correspond aux préoccupations de l'immédiat après-guerre. Le problème, à l'époque, était à la fois :

- de préserver la diversité syndicale (avec un vote à la proportionnelle) ;

- de prendre acte du rôle des syndicats dans la Résistance (en écartant les militants qui n'auraient pas fait preuve d'une « attitude patriotique pendant l'Occupation ») ;
- de prévoir le cas d'entreprises dépourvues de représentation syndicale (avec l'institution d'un deuxième tour ouvert aux candidatures d'origine non syndicale en cas de carence ou d'un quorum insuffisant au premier tour, lui-même ouvert aux seuls candidats d'origine syndicale).

Ce dispositif avait sa logique. Mais il convient de tenir compte aujourd'hui :

- de la présomption irréfragable de représentativité accordée aux seuls syndicats affiliés aux organisations dont la représentativité a été elle-même reconnue au niveau national selon une liste établie par un arrêté qui date de 1966 ;
- du déplacement progressif de la politique contractuelle au niveau de l'entreprise et de l'institution des droits dont le délégué syndical bénéficie dans le cadre de la NAO (Négociation annuelle obligatoire) ;
- de l'émergence de nouvelles tendances syndicales.

Tout ceci conduit à une situation dont la logique a cessé d'être évidente : un délégué syndical désigné par une organisation représentative mais dépourvu de toute influence pourra néanmoins engager la collectivité des salariés de l'entreprise par sa seule signature alors qu'un délégué désigné par un syndicat influent mais affilié à une organisation non reconnue représentative au niveau national devra préalablement plaider sa cause devant les tribunaux afin d'espérer pouvoir se faire entendre. D'où les débats, engagés au cours de l'année 2006, portant sur l'opportunité d'abandonner les dispositions sur la représentativité telles qu'elles ont été formulées dans l'immédiat après-guerre, puis en 1966, afin d'asseoir le droit des syndicats à représenter les salariés sur les résultats obtenus par chacun d'entre eux aux élections professionnelles.

En attendant, on retiendra de ce passé tumultueux deux conclusions importantes pour comprendre les comportements syndicaux :

- c'est lui qui explique la méfiance des syndicalistes devant les initiatives d'origine patronale et le caractère souvent belliqueux de leurs déclarations ;
- c'est lui également qui explique les débats d'idées qui ont abouti à de scissions et à une multiplication d'organisations syndicales concurrentes.

L'émiettement syndical

On trouvera un peu plus loin un tableau généalogique simplifié du syndicalisme français. Comme on pourra s'en rendre compte, celui-ci trouve son origine dans l'existence de deux traditions différentes :

La tradition d'origine CGT

La première de ces traditions syndicales est représentée par la CGT, dont le congrès constitutif se tient en 1895. L'objectif est alors de créer une organisation qui intégrerait l'ensemble des syndicats, quelles que soient par ailleurs les convictions politiques, philosophiques ou religieuses de ceux qui les animent. La CGT, de fait, comptera dans ses rangs des anarchistes, des socialistes de différentes tendances et des réformistes soucieux de fonder leur action sur la défense des revendications, mais aussi sur le développement des coopératives et des mutuelles ; leurs relations donneront lieu à des débats dont le plus célèbre débouchera sur la « Charte d'Amiens » (1906), qui distingue l'action syndicale de l'action politique menée par les militants socialistes.

Compte tenu des tensions entre représentants de différentes tendances, la CGT, pourtant, ne pourra maintenir son unité ; une première scission intervient en 1921, avec le départ des communistes et de certains révolutionnaires qui vont créer la CGTU (Confédération générale du travail unitaire). Ils réintégreront la CGT en 1936, mais ce sera pour peu de temps, puisqu'ils devront de nouveau la quitter en 1939 (à la suite du Pacte germano-soviétique). Durant l'occupation, la Résistance a pour effet de rapprocher les fractions ennemies et le principe d'une réunification (la seconde) est acquis en 1943.

Le parti communiste, toutefois, joue un rôle très important au sein de la centrale, au point que les non-communistes, en 1947, préfèrent la quitter, estimant qu'il exerce désormais sur elle une mainmise politique totale. Ainsi est créée la CGT-Force ouvrière dont la raison d'être est d'échapper à cette emprise politique et de maintenir une action respectueuse de la diversité des références politiques ou philosophiques. Cette scission intervient dans le contexte des débuts de la guerre froide et les deux organisations se disputent depuis lors l'héritage de la « vieille maison ».

On notera que certains syndicats, confrontés à cette scission, ont préféré, en 1947, prendre leur autonomie afin de maintenir leur unité interne ; ce fut notamment le cas de la Fédération de l'Éducation nationale (FEN). Mais celle-ci allait à son tour éclater, en 1992, avec la création de la FSU (Fédération syndicale unifiée). La FEN, ainsi affaiblie, allait se rapprocher d'autres syndicats ayant la même origine qu'elle et contribuer à la création de l'UNSA, à laquelle allaient se rallier certains militants de FO mécontents de l'évolution de la politique de leur confédération.

La tradition d'origine chrétienne

Sous l'influence de l'Église catholique, les premiers syndicats chrétiens se créent dès la fin du XIXe siècle. En 1919, avec le renfort des syndicats chrétiens d'Alsace, ils créent la CFTC, qui va se développer, en marge de la CGT, en se référant explicitement aux principes de la doctrine sociale de l'Église. Au lendemain de la Seconde Guerre mondiale, toutefois, un vaste débat divise les militants, une minorité d'entre eux se montrant favorable à une « déconfessionnalisation » du mouvement. Ce débat tourne à l'aigre et, en 1964, la minorité, devenue majoritaire, impose la tenue d'un congrès extraordinaire au cours duquel est adopté le nom de Confédération française démocratique du travail (CFDT), la « référence confessionnelle » disparaissant des statuts. La minorité favorable au maintien de celle-ci, désemparée, décide alors de se retirer et de maintenir la CFTC. C'est la scission et la CFTC parviendra finalement à se reconstituer et à obtenir la reconnaissance de sa représentativité au niveau national.

Quant à la CFDT, elle va dès 1966 s'orienter à gauche, pratiquant l'unité d'action avec la CGT (accords de 1966, 1970, puis 1974) et se prononçant en faveur d'un « socialisme démocratique à base d'autogestion » (1968). Au début des années soixante-dix, les militants d'extrême-gauche y jouent un rôle croissant, forçant les dirigeants confédéraux, à partir de 1978, à réorienter l'action confédérale dans le sens d'un « recentrage » autour de ses objectifs syndicaux. Ce recentrage est évidemment mal perçu par son aile la plus radicale, qui y voit une sorte de trahison. Néanmoins, la confédération va poursuivre son évolution dans le sens du réformisme, bien que celle-ci provoque des réactions internes qui débouchent sur des départs et sur la multiplication des syndicats SUD (Solidaires, Unitaires, Démocratiques).

Le syndicalisme cadres

Avec la création de la CGC (Confédération générale des cadres) en 1944, apparaît un syndicalisme qui se veut spécifique à l'encadrement. La nouvelle organisation se crée alors à partir de syndicats qui existaient avant la guerre, et parfois de longue date, tels l'Union syndicale des VRP. Elle prendra par la suite l'appellation de Confédération française de l'encadrement-CGC afin d'élargir son champ de recrutement.

Les confédérations « ouvrières », de leur côté, créent des structures spécifiques aux cadres. Il s'agit de l'UGICT-CGT, de la CFDT Cadres, de l'UCI-FO et de l'UGICA-CFTC.

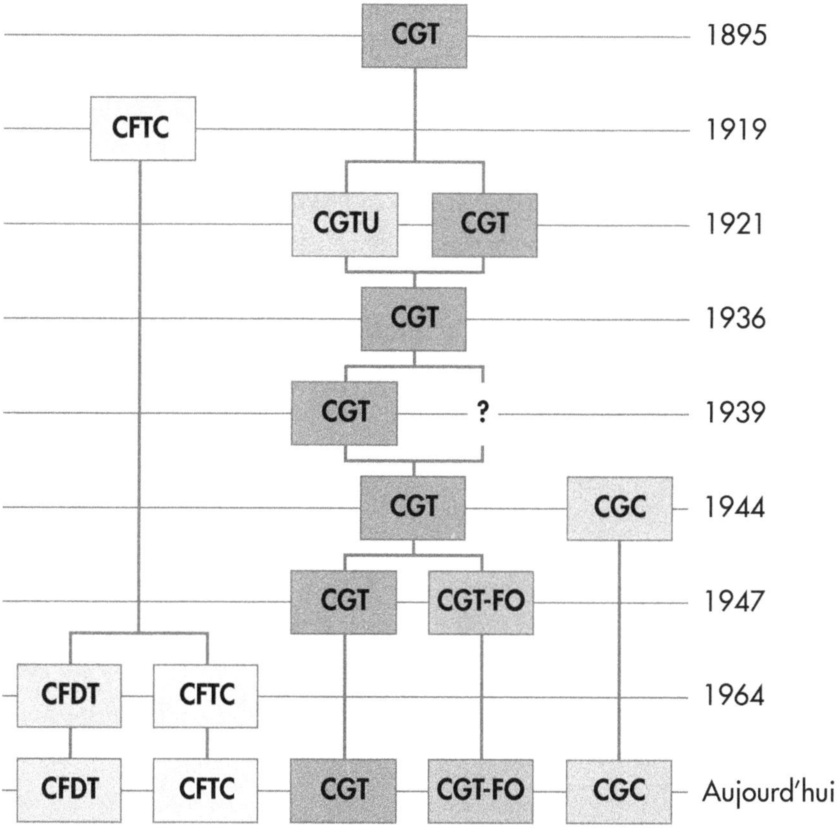

Les nouveaux venus

Deux organisations sont venues compléter l'échiquier syndical : il s'agit de l'Union syndicale Solidaires, à laquelle se sont intégrés les syndicats SUD, et de l'UNSA. Celle-ci fera l'objet d'une description un peu plus loin. On soulignera seulement ici que leur apparition correspond à une certaine décomposition des principes qui fondaient l'unité des organisations « historiques ». Les familles idéologiques bien marquées qui caractérisaient la France d'après-guerre laissent place, d'une part à des comportements plus opportunistes, ou plus pragmatiques, d'autre part à certaines formes de radicalisation dans le sillage du « mouvement altermondialiste ».

Cette évolution du panorama syndical pose évidemment problème dans la mesure où seules cinq organisations syndicales (CGT, CGT-FO, CFDT, CFTC, et CFE-CGC) ont obtenu la reconnaissance de leur représentativité au niveau national, les autres étant contraintes de la prouver entreprise par entreprise. La loi tend ainsi à créer « deux poids deux mesures » et à figer un échiquier syndical qui ne correspond plus vraiment aux attentes des salariés qu'il est censé représenter. Aussi, dans un nombre croissant d'entreprises, l'action syndicale, sauf cas de force majeure, se heurte à l'indifférence d'une majorité de salariés. C'est leur capacité à représenter le corps social qui est ainsi compromise.

Par ailleurs, la multiplication des syndicats au sein d'une même entreprise contribue à rendre plus difficile la pratique des négociations dans la mesure où les vrais problèmes disparaissent derrière des querelles incessantes en vue de s'assurer les voix des salariés aux élections professionnelles. L'incapacité des syndicats à se mettre d'accord entre eux contribue ainsi largement à les discréditer aux yeux mêmes des salariés au nom desquels ils s'expriment.

Les cadres de l'action syndicale en 2007

L'échiquier syndical, tel qu'il se présente aujourd'hui, constitue ainsi largement un produit de notre histoire sociale. On présentera d'abord les principales organisations qui le constituent avant d'examiner l'organisation interne d'une centrale syndicale.

Les grandes tendances en présence

Ce sont des débats d'idées qui expliquent la division du syndicalisme français en tendances rivales. On trouvera ci-dessous une fiche descriptive des plus importantes d'entre elles : CGT, CFDT, CGT-FO, CFTC, CFE-CGC et UNSA. Pour chacune d'entre elles, on trouvera notamment une évaluation de ses effectifs ainsi qu'une opinion, qui bien entendu n'engage que son auteur, sur ce que les entreprises peuvent en attendre. Cette liste, il convient de le noter, n'est pas exclusive de l'existence d'autres organisations, dont l'influence est plus limitée. Il s'agit notamment de :

- l'Union syndicale Solidaires (ex : « Groupe des 10 »), créée en 1981 par regroupement de syndicats autonomes d'origine CGT, et auxquels se sont joints les syndicats SUD (Solidaires, Unitaires, Démocratiques), créés à partir de 1989 à la suite de départs et d'exclusions de la CFDT ;
- la CNT (Confédération nationale du travail), d'inspiration anarchiste ;
- la FSU (Fédération syndicale unitaire), issue d'une scission de la FEN intervenue en 1992, représentative à l'Éducation nationale, mais qui s'efforce de s'implanter, notamment, parmi les personnels communaux.

À ces différentes organisations s'ajoutent enfin d'innombrables syndicats autonomes, certains d'entre eux étant très anciens et parfois très influents dans les entreprises où ils sont implantés. Parmi eux, on distinguera certains syndicats issus de scissions provoquées par des militants qui reprochaient à leur centrale d'origine son manque de combativité (tel le « Collectif Général des Travailleurs-Énergie Dalkia France »).

La Confédération générale du travail

Dirigeants

Secrétaire général : Bernard Thibault.

Membres importants du Bureau confédéral

- Maryse Dumas (politique revendicative et négociations) ;
- Jean-Christophe Le Duigou (politique économique).

Influence et implantation

Historiquement la première organisation syndicale française, la CGT a perdu environ les deux tiers de ses adhérents entre 1975 et 1995.

Elle représente aujourd'hui un peu plus de 700 000 adhérents, dont quelque 200 000 retraités.

Résultats aux élections professionnelles

- élections de comités d'entreprises : 23,0 % des suffrages exprimés (2000-2001) ;
- élections prud'homales : 32,1 % des suffrages exprimés (2002).

Histoire

La CGT a été créée en 1895, avec un objectif à la fois unitaire et pluraliste. En fait, les luttes d'influence entre diverses tendances idéologiques ont abouti à une succession de scissions, du fait notamment du noyautage communiste ; la plus importante de ces scissions a eu lieu en 1947 avec la création de la CGT-FO.

Évolutions récentes

Depuis la défaite du bloc de l'Est, ses dirigeants s'efforcent de promouvoir une ligne tendant à réinsérer la CGT dans le jeu de la négociation sociale ; cet effort se heurte toutefois au poids des idées reçues et à l'influence des militants, souvent âgés, qui n'ont pas encore fait leur deuil des certitudes qui les animaient.

Confédération française démocratique du travail (CFDT)

Dirigeants

Secrétaire général : François Chérèque (celui-ci a succédé à Nicole Notat en mai 2002).

Influence et implantation

La CFDT annonce environ 850 000 adhérents, la réalité se situant plus probablement aux alentours de 650 000 (dont quelque 100 000 retraités).

Après avoir perdu environ la moitié de ses adhérents entre 1975 et 1995, la CFDT, à la suite de campagnes très volontaristes d'adhésion, a renoué avec la croissance, mais a perdu plusieurs de dizaines de milliers d'adhérents à la suite de ses prises de position sur les retraites.

Résultats aux élections professionnelles

- élections de comités d'entreprise : 22,9 % des suffrages exprimés (2000-2001) ;
- élections prud'homales : 25,2 % des suffrages exprimés (2002).

Histoire

Historiquement, la CFDT est issue de la CFTC, qui s'était créée en 1919 en se recommandant du christianisme social. Après un long débat interne, la majorité a opté en faveur de sa déconfessionnalisation lors du congrès extraordinaire de 1964.

Évolutions récentes

Dans les années soixante-dix, la CFDT s'est laissée gagner par un discours utopique autour de l'idée d'autogestion ; après son recentrage de 1979, elle a infléchi progressivement son action vers le réformisme, dont elle se recommande aujourd'hui résolument. Elle veut se présenter aujourd'hui comme un syndicalisme « moderne » par rapport aux autres organisations et s'est donné pour objectif de « doubler » la CGT en nombre d'adhérents.

Confédération générale du travail – Force Ouvrière

Dirigeants

Secrétaire général : Jean-Claude Mailly.

Celui-ci a succédé, lors du dernier congrès, à Marc Blondel, dont il était le chef de cabinet.

Influence et implantation

Les effectifs de la CGT-FO ne sont pas connus avec précision et devraient tourner autour de 300 000 à 350 000 adhérents, soit moitié moins que la CGT et la CFDT.

Résultats aux élections professionnelles

- élections de comités d'entreprise : 12,3 % des suffrages exprimés (2000-2001) ;
- élections prud'homales : 18,3 % des suffrages exprimés (2002).

Histoire

La CGT-FO est issue de la grande scission intervenue à la CGT en 1947, au tout début de la guerre froide, quand les non-communistes durent se rendre à l'évidence de la prise en main de la CGT par le PCF. Ils la quittèrent alors dans le but de poursuivre, sous le nom de CGT-FO, les traditions de pluralisme de la « vieille » CGT, mettant fin à des décennies de rivalités internes.

Évolutions récentes

La CGT-FO s'est illustrée, dans les années soixante-dix et quatre-vingt, par une politique modérée, réformiste, sous la direction de son secrétaire général de l'époque, André Bergeron.

Depuis le départ de celui-ci et avec l'arrivée de Marc Blondel, la minorité trotskiste du Parti des travailleurs est devenue beaucoup plus active au sein de l'organisation au point qu'elle exercerait aujourd'hui une influence dominante sur la confédération.

Confédération française des travailleurs chrétiens

Dirigeants

Président : Jacques Voisin.

Influence et implantation

En l'absence de tout chiffre officiel, on peut estimer le nombre d'adhérents de la CFTC à un peu plus de 100 000.

Histoire

La CFTC d'aujourd'hui est constituée par ceux des militants qui, en 1964, ont refusé la déconfessionnalisation de la « vieille CFTC » (créée en 1919) par la majorité ayant adopté le sigle CFDT et un changement de statuts.

La CFTC se réfère ainsi aux principes de la « morale sociale chrétienne » et pratique un syndicalisme réformiste fondé sur la recherche d'une plus large participation des salariés à la vie de l'entreprise.

Évolutions récentes

La plus petite des « centrales ouvrières » a une implantation parfois assez faible et le comportement de ses représentants sur le terrain n'est pas toujours à la hauteur des principes affichés par ses dirigeants.

Confédération française de l'encadrement (CGC)

Dirigeants

Président : Bernard Van Craeynest.

Influence et implantation

La CFE-CGC compte probablement aux alentours de 100 000 adhérents.

Résultats aux élections professionnelles

- élections de comités d'entreprises : 6,0 % des suffrages exprimés (2000-2001) ;
- élections prud'homales : 7,0 % des suffrages exprimés (2002), avec un taux de 28,6 % dans la section de l'encadrement.

Histoire

La Confédération générale des cadres (CGC) a été créée en 1944 dans le but de représenter les intérêts spécifiques du personnel d'encadrement. Afin d'élargir sa base de recrutement, elle a pris, en 1981, sa dénomination actuelle de CFE-CGC à l'occasion d'une modification de ses statuts.

Évolutions récentes

La CFE-CGC peine à élargir sa base de recrutement et semble parfois hésiter entre une attitude très timorée et un discours parfois inutilement agressif.

Union nationale des syndicats autonomes (UNSA)

Dirigeants

Secrétaire général : Alain Olive.

Secrétaire général adjoint : Jean Grosset.

Alain Olive est originaire de la Fédération de l'Éducation nationale (FEN) ; Jean Grosset est un ancien de Force Ouvrière et s'occupe plus particulièrement du développement de la centrale dans le secteur privé.

Influence et implantation

L'UNSA regrouperait quelque 300 000 adhérents (ce qui la placerait très certainement avant la CFTC et la CFE-CGC en influence) ; ses adhérents, toutefois, sont concentrés pour l'essentiel (70 % environ) dans le secteur public et les administrations ; c'est pourquoi le Conseil d'État, dans un avis rendu en 2004, n'a pas reconnu sa représentativité au niveau national.

Résultats aux élections professionnelles

- élections de comités d'entreprises : résultats non connus, mais certainement assez faibles, quoique en progression ;
- élections prud'homales : 5,0 % des suffrages exprimés (2002).

Histoire

L'UNSA a été créée en 1993, à la suite de l'éclatement de la FEN et de la création de la FSU, par un regroupement de syndicats autonomes de la fonction publique, auxquels se sont agrégés par la suite des dissidents de Force Ouvrière qui ne supportaient plus la politique, influencée par les trotskistes, que menait son secrétaire général Marc Blondel.

Évolutions récentes

L'UNSA est aujourd'hui la seule centrale syndicale à réellement se développer auprès de salariés qui ne se sentent pas concernés par les références idéologiques qui animent les autres organisations.

L'organisation interne des centrales syndicales

On appelle « centrale syndicale » l'ensemble des structures qui s'étagent de la section syndicale et du délégué syndical au secrétaire général de la confédération. L'organisation des centrales syndicales pourra sembler assez complexe, mais il est important d'en comprendre les grandes lignes afin de se repérer dans les voies et moyens de l'action syndicale ; ajoutons que cette organisation, à quelques détails près, est identique d'une centrale à une autre, qu'il s'agisse de la CGT, de la CFDT, de Force Ouvrière, de la CFTC ou de la CFE-CGC.

Les différents niveaux d'organisation

La « brique de base » du syndicalisme est évidemment le syndicat ; il s'agit d'une structure régie par la loi sur les syndicats de 1884 (il ne s'agit donc ni d'une association ni d'une société commerciale). Depuis 1968, le syndicat est représenté dans l'entreprise par une section syndicale et par le ou les délégués syndicaux, mais celle-ci ne dispose pas de la personnalité morale dans la mesure où elle ne fait que représenter le syndicat à l'intérieur de l'entreprise.

Le syndicat peut être un syndicat autonome (on parle aussi de syndicats indépendants) comme il peut être affilié à une centrale syndicale (on parle alors de « syndicats confédérés »). Il est alors affilié, d'une part à une fédération professionnelle, d'autre part à une ou plusieurs unions territoriales interprofessionnelles (il s'agit respectivement de l'union locale, de l'union départementale et de l'union régionale) :

- la fédération professionnelle représente les salariés d'une branche d'activité donnée ; il s'agira par exemple de la « Fédération générale des mines et de la métallurgie » (CFDT) ou de la « Fédération textile, habillement, cuir » (CGT) ; dans chaque centrale, les syndicats se répartissent ainsi entre un nombre de fédérations au nombre d'une quinzaine ou d'une trentaine selon les cas ;

- l'union interprofessionnelle, de son côté, représente les salariés d'une localité, d'un département ou d'une région donnée, quelle que soit par ailleurs leur profession ; il s'agira par exemple de l'union départementale FO de la Gironde ou de l'union régionale CFDT PACA.

Le syndicalisme est ainsi organisé selon une structure matricielle (on parle d'ailleurs d'organisations « verticales » et d'organisations « horizontales » pour désigner fédérations et unions territoriales). Les unes et les autres se retrouvent au sein de la confédération, dont la vocation se situe au niveau national interprofessionnel. Les structures des organisations professionnelles patronales étant identiques, ainsi apparaissent les trois niveaux de négociation principaux en France :

- le niveau national interprofessionnel, de confédération à confédération, où se traitent les thèmes intéressant l'ensemble des salariés (à l'exception des agents des fonctions publiques) ;
- le niveau de la branche professionnelle, où se négocie la convention collective ;
- les accords d'entreprise, tels qu'ils viennent compléter, et parfois devancer, les négociations menées à d'autres niveaux.

Au niveau international, enfin, les organisations syndicales sont le plus souvent affiliées à des organisations internationales. On mentionnera ainsi l'existence :

- d'une centrale syndicale internationale, la Confédération internationale des syndicats, créée en novembre 2006 et qui aura ainsi réalisé l'unification du syndicalisme au plan mondial (à l'exception d'un petit nombre d'organisations communistes encore affiliées à la Fédération syndicale mondiale) ;
- d'une centrale européenne, la Confédération européenne des syndicats, qui représente notamment les salariés européens auprès de la Commission de Bruxelles ;
- de fédérations professionnelles, les unes internationales, les autres européennes.

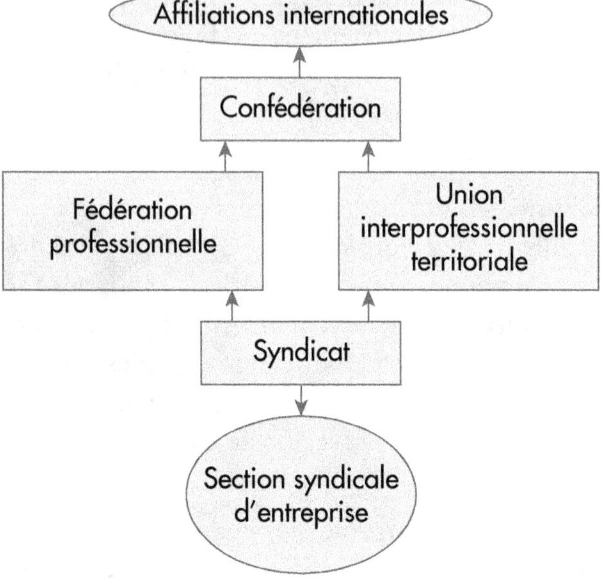

Les organes statutaires

Chaque niveau d'organisation (syndicat, fédération professionnelle, union interprofessionnelle, confédération) est administré par des organes de délibération et de décision qui lui sont propres et qui sont, en gros, les mêmes d'une centrale à une autre. On distinguera ainsi, au niveau confédéral :

- un organe de délibération, qui constitue en quelque sorte le « parlement » de la centrale, composé des secrétaires généraux des fédérations d'une part, des unions départementales ou régionales d'autre part ; il s'agit du comité confédéral national (CCN) à la CGT et à la CGT-FO, du conseil national à la CFDT ;
- un organe de décision, élu soit par le congrès (CGT), soit par le « parlement » présenté plus haut (CFDT, FO), qui porte le nom de « commission exécutive » (CE) à la CGT et à la CGT-FO, et de « bureau national » (BN) à la CFDT ; cette instance délègue

elle-même ses pouvoirs à un « bureau confédéral » (CGT, FO) ou à une « commission exécutive » (CFDT) qu'anime un secrétaire général ;

- tous les trois ou quatre ans selon les cas, enfin, se tient le congrès confédéral, composé par les délégués mandatés par les syndicats (plusieurs syndicats pouvant s'organiser afin d'envoyer un même délégué, qui disposera d'un nombre de voix proportionnel au nombre d'adhérents qu'il représente). Le congrès rassemble ainsi de 1000 à 1500 délégués pendant quatre jours ; il entend le rapport d'activité présenté par le secrétaire général, vote le quitus, examine et adopte des documents d'orientation et procède au renouvellement des organes statutaires.

Les organes statutaires sont identiques, quoique simplifiés, aux différents niveaux de la structure syndicale ; chaque fédération, chaque union interprofessionnelle et, finalement, chaque syndicat, comporte ainsi un bureau ainsi qu'un conseil syndical et réunit son congrès ou son assemblée générale. Le militant d'entreprise pourrait ainsi, au moins théoriquement, assister aux congrès respectifs de son syndicat, de l'union locale, de l'union départementale, de l'union régionale et de la confédération. En réalité, il ne s'intéressera qu'à certaines seulement de ces structures, dont il se sentira plus proche compte tenu de ses affinités.

Les militants régulièrement mandatés selon le principe de la démocratie syndicale s'entoureront éventuellement de collaborateurs. C'est notamment le cas au niveau confédéral, où les dirigeants sont aidés, dans l'exercice de leurs responsabilités, par des « permanents » et par des « collaborateurs techniques » (secrétariat, juristes, experts, etc.). Le siège d'une confédération évoque ainsi celui d'une grande entreprise et la salle du bureau confédéral de la CGT n'est pas sans évoquer la salle d'un conseil d'administration.

Parmi les tâches que se donnent les centrales syndicales, la formation des militants figure en bonne place. Nombre de militants d'entreprise ont eu ainsi l'occasion de passer par le Centre Benoît-Frachon de Gif-sur-Yvette (CGT), par le domaine de Bierville

(CFDT) ou le château de la Brévière (Force Ouvrière) à l'occasion de sessions de formation organisées par l'une ou l'autre de leurs structures de rattachement en vue de les aider à exercer leur mandat dans l'esprit de la centrale et, théoriquement, avec davantage d'efficacité. À cet effet, ils ont droit à 12 jours (non rémunérés) chaque année afin de suivre une formation syndicale.

Le nerf de la guerre

Le financement des structures syndicales est théoriquement assuré par les cotisations versées par leurs adhérents. En fait, celles-ci sont très insuffisantes, compte tenu du faible nombre de syndiqués et du faible montant des cotisations effectivement pratiqué. De plus en plus, quoique dans l'obscurité la plus totale, les centrales syndicales doivent désormais compter sur des ressources complémentaires.

Le montant de la cotisation syndicale est laissé à l'appréciation du syndicat qui la prélève auprès de ses adhérents. Elle se situe le plus souvent dans une fourchette qui va de 0,5 % à 1 % du salaire. Le prélèvement est assuré, soit par un « collecteur » qui fait sa tournée chaque mois, soit, de plus en plus, sous forme d'un prélèvement automatique sur le compte bancaire. Mais sur ce montant, le syndicat ne conserve qu'une faible part : il doit en effet procéder à des reversements à la fédération, à l'union départementale, à la confédération, etc., en vue d'assurer leurs moyens de fonctionnement. En moyenne, il ne conserve ainsi qu'environ 30 % des sommes versées par les adhérents.

Le complément nécessaire à l'équilibre des budgets aux différents niveaux de la structure syndicale est assuré par des aides et des subventions versées, notamment, par l'État et par les organismes paritaires. Le financement des organisations syndicales, toutefois, manque totalement de transparence. D'une part, les centrales syndicales, qui ne sont pas soumises aux exigences de publicité des sociétés commerciales, répugnent à étaler leurs comptes, qui laisseraient paraître que les cotisations ne représentent qu'une petite partie de leurs ressources ; d'autre part, la transparence interne n'est pas plus grande qu'à l'égard de l'extérieur. Manie du secret, pratiques inavouables, désordre des finances publiques et désordre des comptes syndicaux se combinent ainsi en un écheveau difficilement déchiffrable.

Au niveau confédéral, les cotisations ne représentent guère, en effet, que 20 à 30 % du budget, le reste étant assuré par les indemnités versées par le Conseil économique et social, par les subventions de l'IRES (Institut de recherches économiques et sociales), par la prise en charge de permanents au titre des « décharges d'activité à titre syndical » et par les subventions versées par les ministères. Celles-ci sont théoriquement affectées à des fins précises, notamment les actions de formation menées par les organisations syndicales, moyennant un contrôle plus formel que réel. À cela s'ajoutent les indemnités versées par les organismes paritaires (caisses de Sécurité sociale, caisses de retraite) aux organisations représentées par leur conseil d'administration ainsi que des subventions européennes (Fonds social européen).

Fédérations professionnelles et unions interprofessionnelles disposent de leurs propres « pompes à finances » : organismes professionnels paritaires, mise à disposition de locaux par les municipalités sous l'appellation historique de « bourses du travail », subventions assurées par les collectivités territoriales. Les entreprises, enfin, ne sont pas en reste. D'une part, le budget de fonctionnement des comités d'entreprise permet fréquemment de prendre en charge certaines dépenses syndicales ; d'autre part, les grandes entreprises ont souvent négocié des accords sur les conditions d'exercice des fonctions de représentation du personnel prévoyant une subvention (souvent répartie au prorata des résultats aux élections professionnelles), la prise en charge de certains frais liés à l'action syndicale (déplacements) ou la rémunération de permanents.

Ce mode de financement particulièrement opaque (et que l'on ne saurait donc décrire d'une façon exhaustive) repose largement sur l'*omerta*, à laquelle les organisations patronales participent largement, et défraye parfois la chronique. Il est régulièrement évoqué dans les sphères du pouvoir, mais ne semble pas prêt d'être résolu, sinon par l'attribution de nouvelles sources de subventions…

Quelques chiffres

Le rapport Hadas-Lebel, remis au Premier ministre au mois de mai 2006, apporte quelques informations inédites sur le financement des organisations syndicales :

- le montant des cotisations perçues par exemple, par la CGT s'élèverait en 2003 à 75 millions d'euros, dont 3,9 seraient reversés à la confédération ;
- 0,75 % (soit 20 millions d'euros par an environ) des sommes collectées par les OPCA au titre de la formation permanente serait affecté aux organisations syndicales, une proportion équivalente étant destinée aux organisations patronales ;
- une entreprise telle que la SNCF rémunère un nombre de permanents syndicaux représentant 590 équivalents temps plein, répartis entre les différents syndicats au prorata de leurs résultats aux élections professionnelles ;
- les subventions versées par le ministère du Travail en 2006 au titre de la formation des responsables syndicaux s'élevaient à 25,6 millions d'euros, à quoi il convenait d'ajouter 7,6 millions au titre de la formation des conseillers prud'homaux.

Ces chiffres ne doivent pas conduire à une conclusion sans nuances. Certes, des abus existent d'une façon évidente. La débrouillardise a souvent débouché sur des dérives difficilement justifiables et certains responsables syndicaux se sont installés, en toute quiétude, dans ce qu'il est permis d'appeler une « rente de situation ». Mais il convient de ne pas généraliser : beaucoup d'entre eux n'ont que peu de moyens pour mener à bien leur action. Et il convient par ailleurs de ne pas sous-estimer la responsabilité de certaines grandes entreprises pour lesquelles payer la paix sociale est sans doute un moyen d'endormir les syndicats. Mais le réveil peut être difficile : découverte de pratiques inadmissibles, voire illégales (emplois fictifs) et création de syndicats radicaux par des salariés soucieux d'en finir avec des syndicats jugés « pourris ». Autant de conséquences d'une politique sociale de facilité que l'entreprise risque ensuite de payer cher.

L'action syndicale dans l'entreprise

Les militants syndicaux sont organisés, au sein de l'entreprise, en une section syndicale plus ou moins active. Comme toute organisation, celle-ci naît, grandit, mûrit, dépérit et finit éventuellement par disparaître.

L'acte de naissance de la section syndicale est la désignation du délégué syndical ou la présentation d'une liste de candidats aux élections de représentants du personnel. L'origine en est une volonté d'implantation de l'organisation ou, plus communément, un événement de la vie de l'entreprise aux conséquences négatives pour le personnel. Si la première élection valide l'aventure, le leader d'origine s'entoure d'un cercle de partisans. Dans le cas contraire, la section est mort-née.

Durant la phase de croissance, les salariés sont au centre de ses préoccupations. Le contact est direct. Les adhérents sont sollicités pour participer à la vie de leur organisation. Ils sont régulièrement consultés et la proximité, la présence, facilitent le prosélytisme. Les militants mènent une stratégie volontariste de recrutement. Pour croître et se développer, la section syndicale doit apporter quelque chose de tangible, se préoccuper de rendre des services et de fournir des résultats. Elle peut également initier des conflits de façon à démontrer son influence et sa puissance croissante.

Avec la période de maturation, la vie interne de la section syndicale est riche, elle rayonne et tient sa place dans la vie de l'entreprise. Quelques leaders sont reconnus et respectés. Mais la motivation des militants s'estompe déjà, les rigueurs et l'activisme de la période précédente ne sont plus de mise. Déjà s'amorcent quelques signes de déclin. Les salariés sont toujours présents dans le discours, mais le pivot de l'activité syndicale glisse vers des lieux institutionnels. Le contact direct avec les salariés régresse et laisse la place à une relation médiatisée. La présence sur le terrain diminue, l'écoute disparaît peu à peu. La section syndicale privilégie le développement de stratégies institutionnelles et les militants s'engourdissent. Un corps de notables peut ainsi se constituer et se reproduire par affinités personnelles et par cooptation. Le conformisme se développe. Des conflits surviennent. Certains militants en opposition sont évincés.

Puis, peu à peu la section syndicale peine à maintenir ses effectifs, le recrutement ayant tendance à se tarir. Elle perd le contact avec les salariés et, même si elle conserve une représentativité électorale, elle montre de plus en plus de difficultés à exprimer leurs aspirations. Ceux-ci ressentent de plus en plus un décalage entre leurs préoccupations quotidiennes et le discours syndical. Les conflits, les rivalités personnelles entre dignitaires syndicaux se multiplient.

Durant la phase de déclin, le nombre des adhérents en vient à se confondre avec celui des élus. Les leaders se soucient désormais surtout de leurs intérêts. Par exemple, ils revendiquent l'augmentation du nombre d'heures de délégation en argumentant sur l'importance de leur charge. Les valeurs communes disparaissent et les prises de position deviennent plus erratiques. Les oppositions internes et les conflits de personnes se multiplient. Les électeurs deviennent des supporters, ils votent pour des personnes au gré des événements. Puis les derniers des syndicalistes quittent l'entreprise pour cause de préretraite ou pour s'engager dans une nouvelle voie. Les adhérents se désengagent. De nouveaux venus peuvent s'efforcer de donner une seconde vie à la section. Elle peut au contraire prolonger sa mort lente, tant le degré d'institutionnalisation en France est élevé. Cette survie artificielle devient alors le principal obstacle à sa régénération.

Devenir syndicaliste

Le syndicaliste est connu du dirigeant d'entreprise par ses actions : prises de position, interventions lors des réunions des instances représentatives du personnel ou à l'occasion d'éventuels mouvements de grève, distribution de tracts, recours juridiques, séances de négociation, etc. Ses motivations, en revanche, ne sont pas nécessairement bien identifiées. Qui sont les militants syndicaux, quels sont les moteurs de leur action ? Pourquoi ont-ils choisi de s'engager dans une fonction représentative ? Ce sont les questions essentielles que toute personne amenée à gérer des relations sociales doit avoir en tête lorsqu'elle côtoie les représentants du personnel.

Le syndicalisme, au cours de ces vingt dernières années, a vieilli : le militant traditionnel est souvent un homme d'âge mûr, plutôt un ancien dans l'entreprise qui l'emploie. Le nombre de syndiqués a baissé et coïncide souvent avec le nombre des mandats électifs à répartir entre les différentes organisations en présence. Il en résulte à la fois une réduction de l'activité syndicale à de la présence institutionnelle, qu'elle soit participative ou protestataire, et un fossé accru entre les appareils et la base.

L'appartenance à telle ou telle organisation a plus ou moins cessé de préjuger du comportement des représentants syndicaux ; l'on constate, dans les négociations, que les positions du syndicat procèdent de plus en plus d'une juxtaposition de points de vue personnels et d'intérêts de boutique. C'est pourquoi il devient essentiel de connaître le syndicaliste auquel on a affaire, d'analyser sa personnalité et de comprendre les raisons de son engagement.

Jusqu'à une époque récente, le recrutement dans les entreprises répondait souvent à des considérations locales et parfois familiales. Or, la culture familiale, soit par imprégnation, soit par rejet, suscitait des vocations syndicales. Il s'était ainsi constitué dans certaines régions de véritables lignées de syndicalistes, notamment dans des bassins d'emplois aux traditions industrielles anciennes. Encore aujourd'hui, il arrive dans certaines entreprises qu'un père ou un oncle incite un jeune à assurer la relève syndicale. Ce type de militantisme est par définition porteur d'un héritage. Mais il a aujourd'hui tendance à s'éteindre. L'éducation, la mobilité sociale et géographique, la transformation des modes de recrutement des entreprises laissent chaque jour moins de place à la tradition familiale.

De même, les mouvements de jeunes d'inspiration chrétienne ou communiste ont pendant longtemps apporté des militants de choix aux organisations syndicales. Ceux-ci bénéficiaient souvent d'une bonne formation et de convictions morales et sociales qui les rendaient particulièrement aptes à la fonction de représentant du personnel. Ils étaient formés par des adultes engagés et possédaient, quelles que fussent leurs convictions, un sens développé de l'engagement public. Ces mouvements continuaient souvent à accompagner les jeunes vocations et constituaient un cadre qui permettait une prise de recul par rapport à l'engagement syndical. L'affaiblissement de ces organisations a eu pour conséquence de priver les organisations syndicales d'un vivier de militants qui souvent évoluaient vers des responsabilités de cadres syndicaux.

Ces sources de vocations militantes apportaient ainsi au mouvement syndical deux grandes familles de militants :

- ceux dont les convictions se nourrissaient de desseins idéologiques. Il s'agissait pour eux de lutter contre le patronat, de travailler à l'émancipation des travailleurs et quelquefois « de créer les conditions objectives d'une révolution prolétarienne » ;
- ceux que leurs convictions morales, humanistes ou religieuses portaient à se mettre au service de leur prochain ou, dans une version plus activiste, au service des travailleurs et des opprimés.

Aujourd'hui, en revanche, les vocations syndicales sont, assez souvent, le fruit des hasards de la vie :

- on devient par exemple délégué parce qu'on a le sentiment d'avoir été victime d'une injustice personnelle. On cherche alors dans la fonction syndicale un moyen d'assouvir son ressentiment.

Ce mode d'engagement produit des militants centrés sur leur propre personne, rarement satisfaits et peu aptes à la négociation ;

- il arrive également qu'un homme ou une femme s'engage dans l'action syndicale après une rencontre avec un collègue à l'envergure charismatique et s'initie à la fonction dans le sillage de ce mentor ;
- les vocations syndicales sont parfois provoquées par un événement fortuit ou par un changement qui survient dans la vie de l'entreprise. Ces engagements sont souvent de courte durée. Ils sont motivés par des problèmes spécifiques et cessent avec leur disparition. Mais il arrive que l'attraction perdure, et le tempérament du nouveau militant restera affecté par la façon dont ont été traités les événements qui ont suscité sa décision de s'engager ;
- il est de plus en plus fréquent aujourd'hui de devenir représentant du personnel « parce qu'il faut bien que quelqu'un s'en occupe ». L'existence même de la fonction attire des salariés qui la choisissent par penchant personnel, par goût de l'aventure, ou parce qu'ils se sentent mal à l'aise ou peu reconnus dans leur activité professionnelle ;
- enfin, dans certaines entreprises de petite taille ou de taille moyenne, on devient représentant du personnel à la demande de l'employeur, « parce qu'il faut bien que quelqu'un se présente aux élections ou assume la fonction pour signer un accord ». Ces représentants n'en sont pas pour autant nécessairement « inféodés » à la direction et peuvent être des partenaires tenaces dans des fonctions qu'ils découvrent et qu'ils prennent au sérieux.

Ces vocations dues aux hasards de l'existence ne sont pas toujours étrangères aux prédispositions personnelles. La fonction de représentant du personnel n'est pas simplement tournée vers l'altérité. Elle sous-tend une recherche de satisfaction personnelle à laquelle la fonction permet de répondre :

- on peut devenir syndicaliste par goût du pouvoir. Il arrive de rencontrer des militants d'envergure qui pratiquent un style de management que ne renieraient pas les directeurs les plus autoritaires et qui font ainsi figure de « patrons manqués » ;

- on peut également s'engager dans la voie syndicale par désir de reconnaissance. La fonction de représentant du personnel permet de sortir de l'anonymat. Un secrétaire de comité d'établissement discute plus fréquemment avec le directeur du site qu'un simple chef d'équipe. Un secrétaire de comité central d'entreprise côtoie le PDG et le rencontre plus souvent que le directeur d'une usine de province. Il peut arriver dans certaines circonstances exceptionnelles, telle qu'une grève, que FR3 ou le journal régional donne la parole à un militant syndical qui entrera ainsi dans le cercle restreint des notabilités locales ;
- on peut être attiré par le statut lié à la fonction syndicale. Dans certaines grandes entreprises, celle-ci permet de rompre avec la monotonie et les contraintes de la vie quotidienne, ne serait-ce qu'au travers des libertés et des avantages qu'elle procure. La fonction syndicale permet également de disposer d'une protection qui peut être fort utile dans les périodes difficiles. La recherche de ce refuge peut amener au syndicalisme des personnes qui se sentent menacées dans leur activité professionnelle tout en trouvant dans la fonction de représentant du personnel un moyen de se dégager des contraintes quotidiennes.

La sémantique nous renseigne sur la façon dont sont perçus à une époque donnée les représentants des salariés. Dans le courant des années soixante et au début des années soixante-dix, c'est encore le temps des « militants ». Ce terme est rarement utilisé par les employeurs pour lesquels il est synonyme d'activisme et de lutte des classes. Après mai 1968, lorsque le courant d'institutionnalisation du syndicalisme se renforce, les militants deviennent des « délégués », des « élus » ou des « mandatés ». Ce n'est plus leur activité qui les désigne, mais leur statut et leurs prérogatives. Au milieu des années quatre-vingt, enfin, alors que les restructurations d'entreprises sont nombreuses, dramatiques et conflictuelles, les syndicalistes deviennent des « salariés protégés ». C'est maintenant leurs prérogatives par rapport aux autres salariés qui les distinguent dans le langage quotidien des commentateurs, des directeurs ou des inspecteurs du travail. À la faveur du renouveau du dialogue social, enfin, alors que les organisations syndicales connaissent une décroissance considérable de leurs forces vives, c'est la dénomination de « partenaires sociaux » qui l'emporte. La maîtrise du verbe a changé de camp. Et lorsque les employeurs évoquent leurs partenaires sociaux, c'est souvent pour regretter qu'ils ne soient pas ce qu'ils voudraient qu'ils soient.

Les attitudes syndicales les plus courantes

Le monde des militants syndicaux est un monde bigarré qui réunit une multitude de tempéraments qui n'a plus grand-chose à voir avec les étiquettes syndicales. On distinguera ainsi quatre profils de syndicalistes selon qu'ils s'attachent :

- à la préservation de leurs propres intérêts ;
- au dialogue ou au conflit avec la direction ;
- à la sauvegarde du droit et des institutions ;
- à leur relation avec les salariés.

Les syndicalistes tournés vers eux-mêmes

On trouvera dans cette catégorie :

- des « rentiers » de la fonction, qui ont compris que le rôle de représentant du personnel offrait des avantages non négligeables et qui utilisent les moyens qui y sont attachés pour mener une vie déconnectée des contraintes quotidiennes de l'entreprise. Le « rentier » prend peu de risques et se montre volontiers d'accord avec tout ce qu'on lui propose dès l'instant où l'on ne remet pas en cause sa propre situation ;
- de même, certaines personnes qui s'engagent dans une institution représentative pour y faire la promotion de leur cas person-

nel, celui-ci constituant leur seul motif d'intérêt. On peut classer dans cette catégorie, des salariés qui, sachant qu'ils sont peu compétents professionnellement, trouvent dans la fonction représentative qu'ils occupent un refuge, surtout lorsque la situation de l'emploi est incertaine ;

- des salariés, jeunes et instruits, qui peuvent découvrir dans l'engagement syndical le moyen d'exprimer une personnalité bridée par le fonctionnement trop structuré de l'entreprise. De fortes personnalités, souvent très individualistes, se révèlent alors comme de véritables leaders. D'autres enfin cultivent au travers de la fonction représentative un certain décalage par rapport au conformisme dominant.

Les syndicalistes tournés vers la direction

Le syndicalisme « jaune », tel qu'on l'appelait il y a encore une vingtaine d'années, n'a plus réellement d'existence officielle, mais il arrive que dans certaines entreprises, la direction s'entoure d'alliés auxquels elle a quelquefois recours dans des situations difficiles. En général, ils sont peu fiables dans la durée et peuvent devenir agressifs et contestataires lorsqu'ils se sentent « lâchés » par leurs protecteurs.

À l'opposé l'idéologue considère la direction ou le directeur comme l'adversaire central, et cela par principe. Il répète inlassablement un discours convenu et reste imperméable tant à la vie de l'entreprise qu'aux désirs des salariés. Il peut parfois pratiquer une violence verbale prévisible dans le cadre des réunions des instances de représentation.

D'autres représentants du personnel, enfin, se posent au contraire en bons conseilleurs, par exemple au cours des réunions du comité d'entreprise. Ils ont un avis sur tous les dossiers auxquels ils sont confrontés, ainsi que sur tous les aspects de la marche de l'entreprise, et peuvent jouer un rôle utile dans la mise au point des solutions que celle-ci devra mettre en œuvre.

Les syndicalistes tournés vers les institutions

Il s'agit de militants qui n'envisagent la vie de l'entreprise qu'au travers des prérogatives des institutions représentatives dans lesquelles ils ont été élus. Certains d'entre eux sont de véritables gardiens du droit et soumettent tout changement au crible des dispositions légales et conventionnelles. Ils ont recours en toutes circonstances aux démarches procédurières qui leur permettent de faire respecter le droit et les prérogatives institutionnelles, de « coincer le patron », ou plus fréquemment, de gagner du temps et d'entraver la mise en œuvre d'un changement auquel ils s'opposent.

On trouve également dans cette catégorie des militants qui assument leur engagement syndical dans les conseils de prud'homme ou les conseils d'administrations de la Sécurité sociale. Ils se coupent progressivement de vie sociale de leur entreprise et rendent compte directement aux structures syndicales.

Les syndicalistes tournés vers les salariés

On trouve souvent dans cette catégorie des gens dévoués, serviables, attentifs, fortement impliqués dans la gestion des œuvres sociales. Mais ils peuvent être dépassés par les événements dans les moments difficiles ou à l'occasion d'une négociation délicate.

Certains d'entre eux se spécialisent dans l'action juridique, mais à la différence des militants procéduriers, ceux-ci vont chercher dans la vie courante, dans l'application des droits et conventions, la matière de leurs dossiers. Ils peuvent s'adonner eux-mêmes à la défense prud'homale et sont parfois très efficaces.

D'autres se cantonnent dans un rôle exclusif de porte-parole de la base. À l'écoute des salariés, ils peuvent être de bons capteurs du climat social. Dans la variante « basiste », ces militants affirment par principe que les salariés ont toujours raison, quels que soient les désirs qu'ils expriment, qu'ils soient ou non en harmonie avec les intérêts de l'entreprise ou ceux des autres salariés.

Enfin, il existe évidemment des hommes de conviction, qui peuvent avoir un ascendant mesuré sur les salariés et qui, pourtant, resteront suffisamment « durs en affaires » pour assumer leur engagement. Ils connaissent les dossiers, écoutent les salariés et prennent le temps qu'il faut pour trouver un compromis auquel ils ne sont pas hostiles par principe. Ils savent parfois accompagner les changements avec pertinence s'ils trouvent la bonne place du curseur entre les intérêts des salariés et ceux de l'entreprise.

Syndicalistes et jeux d'acteurs

Lorsque d'un manager évoque ses relations avec un syndicaliste, il a en tête son comportement personnel, sa capacité à percevoir les enjeux auxquels l'entreprise est confrontée, son aptitude à négocier lors de situations délicates. Il le juge donc au travers de rapports bilatéraux qu'il entretient avec lui. Mais il s'agit là d'une vue partielle des choses. Un homme qui consacre l'essentiel de son temps et de son énergie à une activité syndicale est au centre d'un système d'acteurs, aux intérêts, aux attentes et aux stratégies éclatées et souvent divergentes. La nature de la fonction syndicale lui impose en effet d'être au carrefour de relations, de médiations, de conflits qui impliquent l'ensemble des acteurs internes et des acteurs externes qui gravitent autour de l'entreprise. Ainsi, le système relationnel dans lequel évolue le syndicaliste est souvent plus large que celui qui est attaché aux fonctions de direction.

Dans un tel système de relation et d'action, on peut dire schématiquement que le syndicaliste :

- possède des clients auquel il doit une prestation et dont il attend un retour ;
- s'oppose ou coopère avec des partenaires ou des adversaires ;
- est en concurrence pour maintenir ou élargir sa sphère d'influence ;

- dispose de supports qui lui permettent de développer son activité ;
- recherche des alliés afin d'améliorer ses positions.

Les clients, ce sont évidemment les salariés, parmi lesquels le militant syndical privilégiera ses adhérents et ses électeurs. Or, ceux-ci constituent un ensemble de plus en plus hétérogène, tant par leur statut que par leurs attentes. Les concepts réducteurs – « classe sociale », « catégorie professionnelle », « appartenance statutaire » – ont cessé de lui être utiles. Le militant syndical est confronté à un émiettement de son marché. Les services fondés sur un parti pris d'uniformisation ne sont réellement appréciés que dans des circonstances exceptionnelles et, le plus souvent, c'est la diversité qui prédomine.

Le partenaire ou l'adversaire, c'est la direction, celle-ci se réduisant au directeur et au comité de direction, ou englobant au contraire toute la hiérarchie. La position de cette dernière est incertaine. Sur certains sujets, tels l'aménagement des temps de travail, les réactions des membres de l'encadrement peuvent être proches de celle des salariés et se démarquer alors sensiblement de la direction. La maîtrise de proximité, aujourd'hui, est souvent hésitante et il arrive qu'elle bascule du côté des salariés à l'occasion d'une situation conflictuelle, concernant par exemple les problèmes d'emploi. Le mot « direction » désigne ainsi une réalité de plus en plus vague. Qui décide réellement, dans des entreprises où la composition du capital est de plus en plus lointaine et mouvante ? Quelle est l'influence exacte de l'actionnaire ? Quels sont les pouvoirs réels d'un directeur d'établissement ? En fait, les grandes entreprises multinationales n'ont plus de centre bien identifié mais un système de direction souvent peu lisible pour les militants syndicaux.

Les concurrents du syndicaliste sont les militants des autres organisations – même si, lors d'une situation exceptionnelle, des alliances peuvent se nouer. La « part de marché » obtenue aux élections professionnelles déterminera en effet les moyens dont disposera la section syndicale : moyens humains (nombre d'élus et temps de délégation) et moyens matériels par le jeu des systèmes de financement attachés à l'influence électorale. La concurrence constitue ainsi l'élément déterminant des relations intersyndicales. Mais au-delà de ces concurrents directs, les syndicalistes peuvent être aujourd'hui en compétition avec des leaders d'opinion temporaires ou permanents, qui apparaissent à l'occasion d'un conflit social, de la constitution d'un collectif ou d'un comité de grève, ou qui construisent une influence permanente par leur engagement dans un réseau associatif ou informel (par exemple, au sein du mouvement altermondialiste).

Afin de mener leur action, outre les moyens qu'ils puisent dans le droit syndical, les représentants disposent d'une logistique constituée par la section syndicale d'entreprise et l'ensemble de la structure syndicale. Dans les grandes entreprises, les sections syndicales sont aptes à vivre en autarcie. Mais dans les plus petites, l'union départementale, l'union locale ou le syndicat local apportent un appui en matière de conseil et mettent à sa disposition leurs moyens matériels. Les structures syndicales peuvent également apporter de l'expertise par le truchement de certains cabinets d'expertise économique et comptable avec lesquels elles entretiennent des relations privilégiées.

Enfin, et c'est là une évolution récente, les syndicalistes vont chercher à l'extérieur de l'entreprise les alliés qui vont les aider à atteindre leurs objectifs. Certains militants font ainsi le choix de remplacer la négociation par un recours systématique au juge ou à l'inspecteur du travail. La médiatisation devient également une composante essentielle de l'action syndicale et l'appel à l'opinion publique un nouveau moyen de pression. Qu'un groupe envisage une restructuration et le comité central d'entreprise alertera *Le Monde* ou *Libération* pour s'adresser au pouvoir politique, à la clientèle, à l'opinion, ou même aux actionnaires. Certaines sociétés sont ainsi amenées à reconsidérer leur point de vue à la suite d'une campagne, relayée par la presse, qui risque de compromettre gravement leur image.

Le sydicalisme dans un système d'acteurs

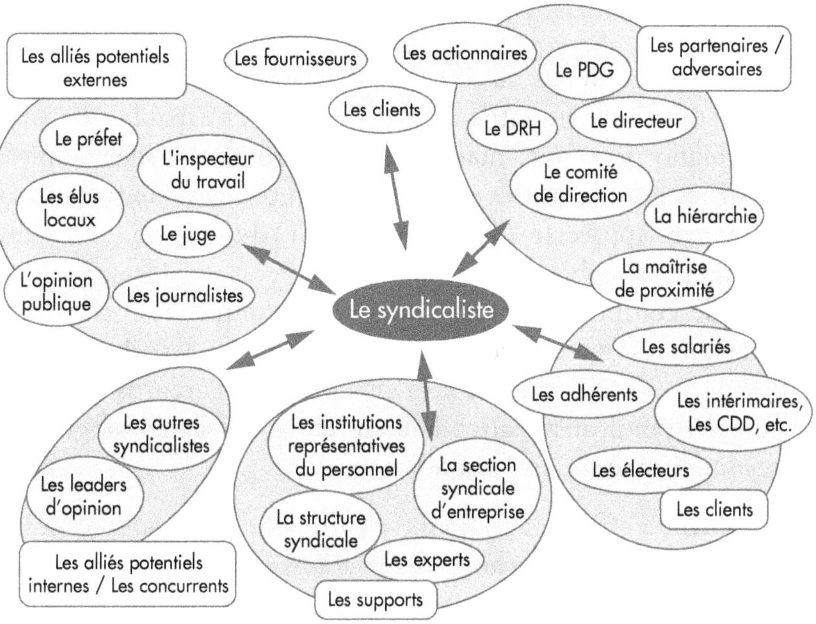

Les attentes des parties en présence

Le syndicaliste d'entreprise se situe ainsi au carrefour d'attentes diverses et souvent contradictoires qui rendent complexe l'exercice de sa représentativité. Il doit donc savoir trouver la voie praticable entre ces attentes diverses d'une part, les possibilités économiques de l'entreprise d'autre part. Or, cela ne va pas de soi :

- les salariés attendent en effet du syndicaliste qu'il soit proche de leurs préoccupations, qu'il soit efficace pour traiter la multitude de problèmes grands ou petits auxquels ils peuvent être confrontés. Ceci suppose une certaine pugnacité qui ne va pas toujours dans le sens de la bonne marche de l'entreprise. En retour, le militant syndical espère un gain électoral, ce qu'il appelle souvent « une confiance accrue ». Il entend également compter, en tant que de besoin sur une « mobilisation » des salariés lorsqu'il la juge utile, de façon à conserver son pouvoir d'influence sur la direction ;

- la direction souhaite au contraire trouver en face d'elle des interlocuteurs certes attentifs au climat social et capables de capter l'ambiance générale, mais aussi et surtout, qui soient aptes à saisir les grands enjeux auxquels l'entreprise est confrontée. Un manager appréciera un représentant du personnel capable d'intégrer ses objectifs ; ce qu'il souhaite, c'est « des gens capables de comprendre et de prendre en compte les orientations stratégiques de l'entreprise, d'accompagner les changements nécessaires et de traduire cela en signature d'accords ». De leur côté, les syndicalistes attendent en retour des signes tangibles de reconnaissance et de considération ;
- les DRH s'efforcent toujours d'entretenir des relations suivies avec les leaders syndicaux. Ces relations sont utiles car elles permettent de traiter certains problèmes délicats qui font la vie courante de l'entreprise. Syndicaliste et DRH attendent ainsi l'un de l'autre une capacité de médiation lorsque le besoin s'en fait sentir. Ces relations permettent également, à l'occasion d'une négociation, de dénouer des points délicats que la seule confrontation en séance plénière laisserait en suspens. La construction de ces relations suppose souvent un jeu de « donnant-donnant » étroitement attaché aux relations de personne à personne ; or celles-ci finissent quelquefois par constituer des héritages difficiles à assumer ;
- les responsables syndicaux jugent efficace le militant capable d'accroître la « part de marché » de l'organisation dont il porte le sigle, tant en nombre d'adhérents qu'en nombre de voix aux prochaines élections. Les représentants élus tiennent leur légitimité de la voie électorale. Pour être élu, il faut être présent sur la liste qui sera présentée, ou plus précisément en tête de liste. Or, cette position dépend du jeu des influences au sein de la section syndicale et de l'influence personnelle des leaders syndicaux. La constitution de la tête de liste constitue donc un moment fort de

la vie syndicale puisque les rôles seront attribués pour les deux (ou quatre) années à venir. Quant aux délégués syndicaux, ils tiennent leur mandat de la structure syndicale qui les a désignés : syndicat local, union départementale, fédération. Et celle-ci se montrera d'abord préoccupée par son influence au sein des structures syndicales et donc par son poids dans les débats et dans les congrès, ce poids étant fonction du nombre d'adhérents dont elle peut se prévaloir ;

- les relations avec la maîtrise de proximité, enfin, sont marquées par une certaine ambivalence. Syndicalistes et agents de maîtrise sont en compétition pour avoir de l'ascendant sur le personnel et il arrive parfois que cette concurrence tourne à l'affrontement. En revanche, le militant syndical peut avoir intérêt à trouver un *modus vivendi* sur la gestion de ses heures de délégation : des facilités quotidiennes et une absence pratique de contrôle peuvent ainsi lui être accordées en contrepartie d'un comportement compréhensif face aux difficultés que l'agent de maîtrise rencontre lui-même dans sa fonction d'encadrement. De même, un syndicaliste influent peut voir dans l'agent de maîtrise et le réseau d'influence dont ce dernier dispose, une pièce intéressante à conquérir.

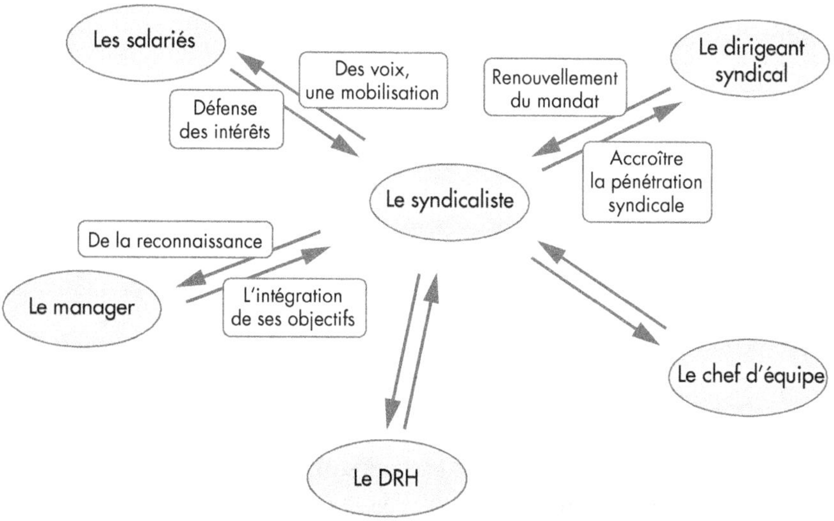

En fonction de sa propre sensibilité, chaque militant positionnera ainsi la résultante des attentes qu'il perçoit en direction de l'un ou l'autre des acteurs qui l'entourent. Le développement de l'influence syndicale procède ainsi d'une gestion efficace de l'ensemble de ces relations par nature divergentes.

Comment le syndicaliste acquiert-il de l'influence ?

Un syndicaliste acquiert de l'influence lorsqu'il sait utiliser à son profit le système global d'acteurs que constitue l'entreprise, qu'il devient un spécialiste de l'échiquier social, et qu'il acquiert une étroite connaissance des stratégies et des motivations qui animent chacun des acteurs. Il lui faut donc :

- être proche des salariés, savoir capter leurs désirs et leurs besoins, exprimer leurs aspirations en revendications négociables. Mais pour les faire aboutir, il lui faut connaître les modes de fonctionnement de l'entreprise ainsi que les voies de recours internes et externes qui lui permettront d'obtenir des résultats. On peut résumer ces compétences dans les 3P : proximité des salariés, pragmatisme dans la manière d'aborder les problèmes, professionnalisme dans la façon de les traiter ;
- savoir séduire la maîtrise de proximité en prenant en compte ses interrogations ou ses frustrations tout en se mettant en compétition avec elle en vue d'exercer un maximum d'ascendant sur les salariés. Il lui faut également mettre à profit les changements dans l'organisation de l'entreprise en captant la sympathie d'un personnel d'encadrement qui se comportait, il y a peu, en fidèle « courroie de transmission » de la direction, mais qui s'interroge de plus en plus sur son rôle et sur son devenir ;
- rechercher et exploiter systématiquement les maillons faibles et les dysfonctionnements du management. Un encadrement hétérogène, une ligne hiérarchique incohérente, un comité de direction divisé, constituent autant d'opportunités pour un syndicaliste habile qui y verra un moyen d'accroître sa propre influence ;

- utiliser les institutions représentatives du personnel pour avoir une vision globale de la marche et de la vie de l'entreprise. Un salarié, un chef d'atelier, un responsable de service, n'ont encore aujourd'hui qu'une vue partielle de celle-ci. Le militant syndical, quant à lui, siège en des lieux où l'information est abondante, où les relations sociales, mêmes conflictuelles, apportent une connaissance de l'entreprise que peu d'acteurs peuvent avoir, hormis le PDG, quelques directeurs ou quelques responsables de premier plan. Cette vision globale permet d'intervenir rapidement dans le système, d'utiliser les informations acquises à un niveau pour conforter sa position à un autre, de court-circuiter des lignes de décision et d'information afin d'en retirer un avantage ;
- mettre à profit la logistique syndicale pour en faire un outil de communication efficace tant à l'intérieur de l'entreprise qu'à l'extérieur. Il s'efforcera ainsi de trouver des relais extérieurs. Un responsable syndical adroit, par exemple, saura entretenir une relation privilégiée avec l'inspecteur du travail. Il n'hésitera pas à recevoir les journalistes, à leur communiquer des informations ou même quelques « révélations ». Il s'engagera dans la vie locale pour accroître sa sphère d'influence.

En résumé l'origine du pouvoir des militants syndicaux réside :

- dans la possession d'une compétence, d'une spécialité que peu de gens possèdent dans l'entreprise. Ils connaissent ses rouages et savent comment traiter efficacement des dysfonctionnements, résoudre des problèmes grands ou petits, auxquels les salariés sont confrontés ;
- dans leur maîtrise des relations particulières avec l'environnement ;
- dans leur capacité à utiliser les moyens de communication et les réseaux de communication ;
- dans la connaissance, l'utilisation ou le détournement des règles normatives, organisationnelles, juridiques, etc., qui structurent l'entreprise ;

- dans leur capacité à investir et à exploiter les zones d'incertitude ou de dysfonctionnement qui existent immanquablement dans toute organisation ;
- dans leur aptitude à rassembler l'ensemble de ces micropouvoirs en une capacité de mobilisation des salariés qui leur donnera le moyen d'enrayer, quand il le jugera opportun, le fonctionnement du système.

Le schéma suivant illustre la manière dont un militant syndical va tisser un ensemble de relations avec les différents acteurs qui l'environnent pour conforter son influence.

Le clavier du syndicaliste

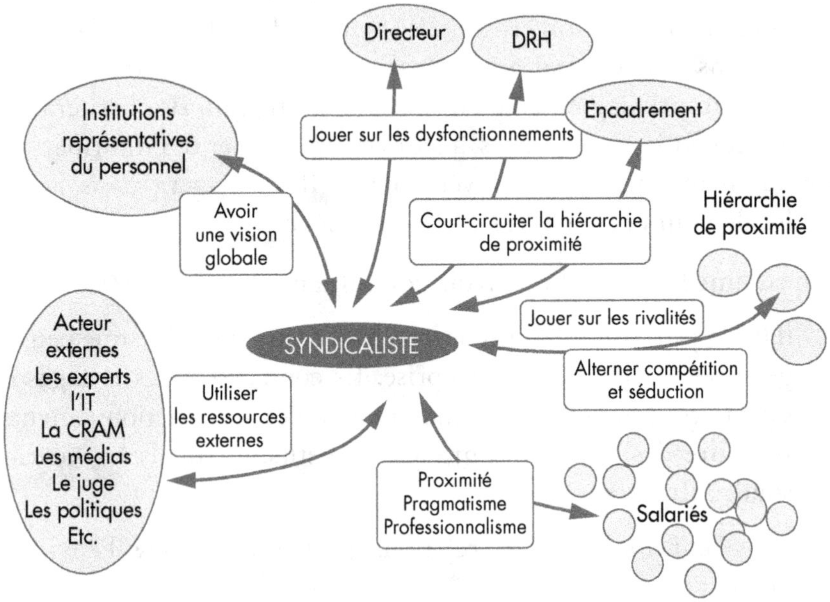

En occupant ainsi le centre de l'échiquier, le syndicaliste ou la section syndicale acquièrent une position privilégiée. L'ensemble des acteurs agit en se référant à lui. Il en vient à occuper une position centrale dans l'ensemble des problématiques et des esprits et voit son rôle, qu'il soit participatif ou oppositionnel, sérieusement fortifié. C'est pourquoi, en menant une guerre acharnée contre un syndicat oppositionnel, la direction de l'entreprise contribue, à son insu, à le renforcer en le mettant au centre des rapports sociaux. Des sections syndicales, jusqu'alors coopératives, ne trouvent plus de place dans un jeu de plus en plus bilatéral. Elles peuvent alors tenter de retrouver une légitimité en pratiquant la surenchère, ce qui constitue un jeu qu'elles n'ont pas nécessairement les moyens d'assumer par ailleurs. À l'opposé, d'autres directions exploitent leurs bonnes relations avec une section syndicale coopérative au point de compromettre son image aux yeux des salariés, laissant ainsi le champ libre à une nouvelle vague de militants, qui adopteront un comportement moins accommodant. Il arrive souvent qu'à trop les utiliser, les DRH tuent leurs alliés.

Les différents équilibres relationnels possibles

Les formes primaires de jeu social, qui peuvent exister à l'état pur ou à l'état de combinaison, en fonction des circonstances et des personnalités, sont :

- l'affrontement ;
- le formalisme et le contournement ;
- le partenariat.

L'affrontement correspond à une vieille tradition française. Il repose sur la défiance. Dans ce cas de figure, aux yeux des dirigeants, l'action syndicale a pour conséquence un affaiblissement de l'entreprise. Aux yeux des syndicalistes, cependant, la direction n'a pour objectif que l'enrichissement de ceux qui contrôlent l'entreprise : les actionnaires et les dirigeants eux-mêmes. Ceux-ci cherchent à limiter l'influence syndicale dans tous les domaines, répondent à l'information syndicale par de la propagande, cherchent à limiter l'influence des représentants du personnel en transformant la maîtrise en contre-délégués, conteste quotidiennement l'espace accordé aux syndicalistes afin de les confiner dans un rôle marginal ou de les écarter. Bref chacun s'installe dans une guerre de tranchée. Il arrive qu'on négocie, mais ce n'est qu'un moment de répit afin de reprendre des forces pour aller au combat. On s'est longtemps livré à ce jeu dans des entreprises qui pratiquaient un management par injonctions descendantes et un mode de régulation fondé sur le contrôle. Il n'est évidemment plus adapté à des entreprises en changement permanent, où l'implication volontaire des salariés est de plus en plus nécessaire ; toutefois, il subsiste de manière résiduelle ici et là. Ce mode de relations sociales a largement facilité l'intervention de l'État dans la codification des rapports sociaux.

Le formalisme des relations sociales et *le contournement* du fait syndical se fondent sur une application consciencieuse des normes imposées par un droit du travail de plus en plus précis. Dans ce cas de figure, les institutions représentatives fonctionnent à minima moyennant le respect formel de leur cadre légal. Les syndicalistes sont marginalisés. On ne s'attaque plus directement à eux ; au contraire, on leur construit un univers de droits et de moyens qui a pour conséquence de les enfermer dans la cage dorée de leurs prérogatives, ce qui a pour effet de les décrédibiliser aux yeux du personnel. Ils sont éloignés des véritables enjeux et ont le sentiment de subir les orientations de l'entreprise ; c'est pourquoi ils refusent de se prononcer sur des décisions sur lesquelles ils pensent ne plus avoir d'influence. Étant ainsi tenus écartés de la vie de l'entreprise, ayant le sentiment de n'avoir aucune emprise sur le cours des choses, ils tentent de rentrer à nouveau dans le jeu en manipulant l'arme des procédures et du pointillisme juridique. On ne parle plus du fond des problèmes, mais on s'acharne à se combattre sur les formes.

Le partenariat est évidemment le jeu dont rêvent beaucoup de dirigeants, mais que les contingences quotidiennes et les comportements des uns et des autres renvoient souvent à un avenir utopique. Il est toutefois possible de proposer quelques pistes d'action concrète, sachant que les choses n'évoluent que lentement, que les rémanences du passé sont toujours vivaces, que la construction de la confiance est un processus long et réversible, et qu'il n'est jamais

Quelques recettes pour fabriquer de mauvais syndicalistes

- Les entretenir pour qu'ils survivent
- Les réprimer par principe
- Les ignorer systématiquement
- Les isoler dans des réserves
- Faire avec en les méprisant

⇨ **Ils s'enferment dans la marginalité**

Marginalisés, ils s'enferment dans des refuges...

- Refuge dans les institutions
- Refuge dans le code du travail
- Refuge dans l'idéologie
- Refuge dans le passé

⇨ **...et deviennent des gardiens du temple**

Quelques idées pour favoriser leur bonification...

- Les amener à écouter les salariés
- Les faire participer aux actions de progrès
- Les ouvrir au monde extérieur
- Être exigeant sur leur comportement
- Reconnaître leurs apports
- Rendre la fonction syndicale réversible

⇨ **...afin qu'ils respirent avec l'entreprise**

simple d'obtenir une modification des habitudes et des systèmes de valeurs. Les principales pistes à creuser sont ainsi les suivantes :

- amener les représentants du personnel à réfléchir sur les conditions réelles de leur représentativité afin de dépasser le caractère superficiel et parfois nocif des présupposés juridiques ;
- mieux intégrer les syndicalistes dans la vie de l'entreprise en favorisant leur participation aux groupes de travail et de réflexion, aux actions de progrès, aux événements significatifs ;
- faciliter leur compréhension du monde extérieur et des facteurs qui ont pour effet sur le fonctionnement et les conditions de développement (ou de simple survie) de l'entreprise ;

- être exigeant sur le respect des règles du jeu ; par exemple, le laxisme dans le décompte des heures de délégation n'est pas toujours, loin s'en faut, un facteur de paix sociale ;
- travailler à rendre réversibles les fonctions de représentation du personnel, de façon à éviter toute ossification politique et culturelle et à faciliter leur accès à des personnalités nouvelles et tournées vers l'avenir ;
- accepter un minimum de transparence, chaque fois que cela est possible, sur les sujets qui engagent le devenir des salariés, et faire preuve de loyauté, tant dans les rapports institutionnels que dans les relations interpersonnelles.

Faire face à la baisse d'influence des syndicats

Les DRH des grandes entreprises sont de plus en plus nombreux à l'affirmer qu'ils assistent à une déliquescence progressive de la représentation syndicale dans leur entreprise. Bien entendu, il convient de ne pas généraliser. Il existe encore, ça et là, des équipes syndicales compétentes et représentatives. Cependant, elles finissent par sembler l'exception par rapport à la tendance générale : représentants du personnel plus ou moins incompétents, aux motivations douteuses, déconnectés par rapport aux préoccupations de leurs mandants...

Ce qui est évidemment en cause, c'est l'avenir des relations sociales. Les représentants du personnel ont des droits sur lesquels il n'est pas possible de faire l'impasse. Mis entre les mains de salariés mandatés manquant des qualités élémentaires qui seraient nécessaires pour un exercice correct de leurs fonctions, ils peuvent entraîner des inconvénients graves pour l'entreprise. Cette tendance s'amplifiant d'année en année, il convient donc de s'interroger dès à présent sur les solutions susceptibles d'être mises en œuvre.

Les causes et les effets de la baisse d'influence des syndicats

Dans les années soixante-dix, les DRH se plaignaient davantage d'un excès d'action syndicale que de son insuffisance. Il s'agissait pour eux de faire face à des collectifs militants bien implantés et qui, souvent animés de principes empruntés au marxisme-léninisme, leur menaient la vie dure. C'est encore ainsi, bien souvent, que les managers intermédiaires envisagent les choses. Au niveau de la direction générale, en revanche, la préoccupation dominante est aujourd'hui d'une autre nature. Ce qu'elle déplore en effet, c'est une insuffisance de la représentation du personnel beaucoup plus que sa capacité à mobiliser le personnel d'une façon qui serait dommageable pour l'entreprise.

Beaucoup de DRH s'accordent ainsi sur le constat suivant :

- les représentants du personnel sont souvent peu compétents ; ils sont déconnectés par rapport aux problématiques économiques actuelles mais également par rapport aux attentes de la majorité des salariés, notamment des plus jeunes ;
- leurs motivations relèvent parfois beaucoup plus de l'opportunisme et de la recherche d'avantages personnels (heures de délégation, décharges d'activité, accès au budget de fonctionnement du CE, etc.) que du souci de représenter les intérêts de leurs collègues de travail ;
- ils se recrutent plus souvent parmi des salariés dont l'horizon professionnel est plus ou moins bouché que parmi ceux qui sont susceptibles de présenter un caractère exemplaire aux yeux de leurs collègues de travail ;
- leur comportement, dans leur travail comme dans l'exercice des fonctions correspondant à leur mandat, appelle souvent de fortes critiques : laisser-aller, utilisation abusive des prérogatives liées à leur mandat, agressivité systématique à l'égard des représentants de l'autorité ;
- faute de s'insérer dans le cadre des règles de fonctionnement d'une organisation collective – le syndicat – ils se comportent

souvent en « électrons libres », plus ou moins incontrôlés et ne rendent finalement compte de leur action à personne ; les élus se contentent de se présenter aux suffrages de leurs électeurs, et ceux-ci manifestent à leur égard un comportement plus ou moins indifférent et désabusé.

Les enquêtes de climat social confirment largement ce diagnostic. L'on assiste ainsi, depuis les années soixante-dix, à une perte de qualité. Celle-ci s'explique par la conjonction de toute une série de raisons :

- déclin des idéologies qui avaient fourni au mouvement syndical plusieurs générations de militants à la fois dévoués à la cause commune et convaincus de la justesse de leurs idées ;
- perte de prestige des fonctions de représentation, notamment aux yeux des jeunes salariés ;
- multiplication des prébendes (heures de délégation, moyens matériels, sentiment de pouvoir) attirant les médiocres ;
- attitude hostile de l'encadrement de proximité entraînant des difficultés pour le salarié mandaté à se reclasser en fin de mandat et à poursuivre sa vie professionnelle d'une façon normale, ceci ayant pour effet de décourager les salariés jeunes et « à potentiel » ;
- statut juridique protecteur, accordant des « prérogatives » à une représentation syndicale dont la présomption de représentativité, telle qu'elle résulte de l'affiliation à une organisation reconnue représentative au niveau national, n'a pas à s'appuyer sur l'influence effectivement exercée auprès des salariés au nom desquels elle s'exprime.

Bien évidemment, ces différentes causes tendent à se cumuler et à se renforcer les unes les autres : la crainte de la répression syndicale éloigne les meilleurs tandis que les prébendes attirent les médiocres. L'augmentation du nombre de ces derniers contribue à détériorer plus globalement l'image des fonctions représentatives et à renforcer l'hostilité de l'encadrement. Et ainsi de suite. Reste, pour l'entreprise, à en mesurer les conséquences. On en distinguera trois :

- une incapacité croissante de la représentation du personnel – qu'il s'agisse des DP, des membres du CE ou des DS – à jouer son rôle d'intermédiaire entre la direction de l'entreprise et la masse des salariés. Ne comprenant pas la problématique de la direction, elle n'est pas en mesure de la faire connaître, ne serait-ce que pour y ajouter des critiques sensées. Il s'ensuit des interprétations, que l'on peut qualifier d'abusives, de telle ou telle initiative ou de telle ou telle déclaration. En même temps, étant coupée des salariés, elle n'est pas en mesure d'en capter fidèlement les attentes et de les exprimer ; de là l'expression de revendications décalées par rapport à ce que la majorité des salariés juge prioritaire ;
- l'incapacité à intervenir à la fois efficacement et d'une façon appropriée sur le fond, ce qui a pour effet de conduire la représentation du personnel à se concentrer de plus en plus sur les questions de forme. Il en résulte une vigilance de plus en plus minutieuse en ce qui concerne le respect des « prérogatives syndicales », y compris quand elles sont tout à fait secondaires. On exigera par exemple de la direction la communication de documents que l'on négligera ensuite de consulter, d'où une pesanteur bureaucratique susceptible à tout moment de déboucher sur le lancement de procédures judiciaires. Cette « judiciarisation » des relations sociales peut s'interpréter comme la contrepartie d'une incapacité croissante à discuter du fond ;
- dernière conséquence de cette médiocrité croissante de la représentation du personnel : son incapacité à négocier dans de bonnes conditions, faute de maîtriser les méthodes de négociation, de pouvoir s'engager valablement au nom du personnel et de maîtriser les questions constituant l'objet même de la négociation. De là un comportement souvent imprévisible : retournements tactiques de dernière minute, signature subordonnée à une « consultation de la base », absence de signature malgré la formulation verbale

d'un accord de principe sur la teneur du texte proposé. C'est la pratique même de la politique contractuelle, du moins au niveau de l'entreprise, qui se trouve ainsi compromise.

Quelle politique face à la baisse d'influence du syndicalisme ?

Les DRH observent sans plaisir leurs interlocuteurs les plus anciens prendre leur retraite et laisser place à des personnages manquant d'expérience (cela s'acquiert) mais surtout d'étoffe, de charisme et de convictions. Or, la pyramide démographique, en ce qui concerne les représentants du personnel, tendant à surreprésenter les classes d'âge des 55-60 ans, c'est un grand nombre d'entre eux qui partiront à la retraite dans un délai de cinq ans. La déliquescence que beaucoup observent dès aujourd'hui risque donc de s'aggraver avec le départ de militants qui, à défaut d'avoir toujours des idées très modernes, se comportaient au moins d'une façon prévisible, facilitant ainsi la construction de relations sociales stables.

Que faire devant ce risque de dégradation ? On se contentera ici de quelques pistes d'action :

1. *Éviter autant que possible la constitution de rentes de situation incontrôlées.* Les « prérogatives » dont jouissent les représentants du personnel sont prévues par la loi. Mais certaines grandes entreprises en ont rajouté. Nombre d'accords sur les conditions de fonctionnement des instances représentatives prévoient des budgets de fonctionnement et des heures de délégation supplémentaires qui ne semblent pas justifiées. Autant il peut sembler raisonnable de prévoir les conditions de déplacement d'un délégué syndical régional dont les mandants sont dispersés dans de très nombreux petits établissements éloignés les uns des autres, autant il ne semble pas très utile de prévoir un budget au bénéfice de la fédération – sachant que celle-ci ne manque déjà pas de ressources de différentes origines. Imaginer que l'on contribuera ainsi à maintenir la paix en se donnant une image « sociale » est une erreur. Bien au contraire, on dévelop-

pera ainsi des privilèges qui attireront nécessairement les médiocres et les aventuriers. À cela s'ajoute un contrôle parfois insuffisant des heures de délégation.

Il en va de même de la mise en œuvre de certaines dispositions visant en théorie à éviter toute discrimination syndicale. Dans telle entreprise, les représentants du personnel bénéficient, sans aucune obligation de résultats, d'augmentations de salaires indexées selon un indice représentant la moyenne des augmentations dans leur catégorie professionnelle. Leur image s'en trouve, aux yeux des salariés, qui savent à quoi s'en tenir, plus ou moins détériorée. Ce type de pratique tend alors à se retourner à la fois contre les représentants du personnel, et contre l'entreprise. Contre les représentants du personnel parce qu'ils en viennent à faire figure de privilégiés. Contre l'entreprise parce qu'elle se trouve vite accusée d'accorder des avantages à des « fainéants » au détriment de ceux « qui s'efforcent de faire correctement leur boulot ».

2. *Éviter la discrimination rampante, au détriment des représentants du personnel, venant de l'encadrement de proximité.* Les DRH sont bien conscients de la nécessité de disposer d'interlocuteurs compétents et représentatifs. Les cadres opérationnels, eux, ne voient pas toujours les choses de cet œil. Les « délégués », à leurs yeux, sont des perturbateurs : « Ils prennent leurs heures de délégation à l'improviste, désorganisent les plannings ; on ne peut pas compter sur eux, ils sèment la zizanie et ils plombent, par leur salaire, le budget du service. » Dans ces conditions, le jeune, auxquelles les qualités qui lui sont reconnues par son chef laissent espérer un brillant avenir, se fera discrètement conseiller, si l'envie lui en prenait, « de ne pas aller se fourrer dans ces trucs-là. » Pour son bien, évidemment. Et en l'absence, naturellement, de tout témoin.

Malgré tous les efforts, venant des DRH, afin d'y mettre fin, ce type de discrimination paraît extrêmement fréquent. Il a pour effet de dissuader les jeunes à potentiel de s'engager dans un mandat, au moins durant quelques années, ce qui contribuerait pourtant à enrichir leur expérience et contribuerait d'une façon positive au renouvellement des instances de représentation. Cela a malheureusement pour conséquence que seuls ceux qui n'ont plus rien à perdre s'y engagent. D'où l'enclenchement d'un cercle vicieux : l'image défavorable de la représentation du personnel conduit l'encadrement à dissuader de s'y engager ceux qui précisément pourraient contribuer à l'améliorer, ce qui renforce son appréciation négative, et ainsi de suite. L'amélioration des relations entre représentants du personnel et managers de proximité et la recherche de solutions en ce sens pourrait ainsi constituer une condition essentielle d'une amélioration des relations sociales.

3. *Valoriser et responsabiliser les fonctions de représentation.* Celles-ci sont fréquemment perçues (consciemment ou non) comme un corps étranger au sein de l'entreprise. Il s'agit d'en faire une fonction qui apparaisse comme utile, au même titre que la fonction marketing ou la fonction « relations publiques ». Mais cela suppose qu'elle soit présentée comme telle, notamment aux futurs managers. Or, tel n'est pas le cas : les élèves des grandes écoles, que ce soit les écoles de gestion ou d'ingénieurs, arrivent le plus souvent dans leurs fonctions en étant bourrés de préjugés, n'ayant reçu aucun enseignement sur le rôle des instances représentatives du personnel. À cela s'ajoute le fait que, par la suite, bien souvent, l'entreprise ne fait pas grand-chose pour modifier cet état d'esprit.

De même convient-il de réhabiliter leurs fonctions de représentation aux yeux même de ceux qui les exercent. Cela passe non pas seulement par le respect de leurs prérogatives, mais par des mises en situation favorisant leur formation et leur responsabilisation. On devra donc s'efforcer, au-delà des informations qui leur sont communiquées conformément à la loi, de les initier aux problématiques qui animent le management. Cela passe par la façon dont sont animées les réunions du CE ou du CCE, par des possibilités de contacts (par exemple avec des experts et des consultants, ou avec leurs homologues à l'étranger), bref, par tout ce qui peut venir enrichir leur propre problématique et contribuer à ce que, dans une période riche en situations difficiles à interpréter, ils puissent rester « dans le coup ».

4. *Favoriser la relève.* Un groupe de travail constitué par Syneo et composé de DRH de très grandes entreprises françaises s'est efforcé, tout au long de l'année 2006, de trouver des pistes d'action en ce sens. Ses conclusions débouchent sur un certain nombre de suggestions portant, notamment, sur :
   - la professionnalisation des instances de représentation et la reconnaissance des compétences acquises dans l'exercice d'un mandat grâce à la validation des acquis de l'expérience (VAE) ;
   - une formalisation des modalités d'évolution professionnelle pour les militants en fin de mandat ou ayant décidé d'y mettre fin ;
   - la recherche d'une amélioration des relations entre les représentants du personnel et l'encadrement de proximité.

Plusieurs accords d'entreprises récents ou en cours de négociation vont en ce sens. Il ne s'agit plus de fournir des moyens supplémentaires aux représentants du personnel (heures de délégation ou budget de fonctionnement) mais d'organiser leur itinéraire personnel de telle façon que l'exercice d'une fonction représentative pendant quelques années apparaisse tout naturellement comme un passage dans le cours d'un déroulement de carrière professionnelle.

Chapitre 3

Le rôle social du manager

Les relations sociales ne sont pas seulement l'affaire du DRH. Elles sont aussi, et d'abord, l'affaire des managers eux-mêmes.

Le problème, c'est, le plus souvent, qu'ils y sont mal préparés. Les principes de base du droit du travail, le rôle des représentants du personnel, la psychologie des rapports de travail, ne figurant pratiquement pas au programme des grandes écoles où sont formés la plupart des futurs managers, il en résulte qu'ils arrivent dans l'entreprise en ignorant les bases des règles du jeu auquel ils devront participer. Ils sont en outre animés de solides préjugés, généralement négatifs, en ce qui concerne leurs interlocuteurs. De là de nombreuses déconvenues, souvent très mal vécues, et qui débouchent sur la peur de s'engager dans tout ce qui tourne autour du « social ».

Nombre de managers en viennent ainsi à éviter la dimension sociale de leurs responsabilités en se cachant derrière les objectifs opérationnels qu'ils se doivent d'atteindre. Pour eux, le social, ce n'est pas la priorité. Ce qu'ils ne voient pas, c'est que la façon dont ils s'acquittent de leur rôle sur le plan humain conditionne, justement, les résultats qu'ils peuvent espérer atteindre. Ceux-ci sont en effet largement fonction du comportement individuel et collectif des salariés. Et celui-ci est lui-même fonction de leur degré d'adhésion aux objectifs qui leur sont proposés, de leur degré de satisfaction ou, au contraire, de leurs raisons de mécontentement. L'on verra ainsi, au chapitre 4, que les sujets d'irritation qu'éprouvent les salariés contribuent largement à expliquer la détérioration du climat social, l'émergence de tensions et, finalement, la dégradation de l'efficacité individuelle et collective de l'homme au travail. Et c'est ainsi que les objectifs opérationnels ne seront pas atteints…

Le manager, qu'il le veuille ou non, va donc devoir prendre en charge la dimension sociale de l'unité dont il a la responsabilité. Il va devoir entretenir des relations avec les représentants du personnel, communiquer avec ses collaborateurs, faire face à des situations plus ou moins complexes ou plus ou moins inattendues. Or, ceci ne s'improvise pas. Il doit apprendre à connaître ses interlocuteurs et maîtriser quelques règles de base. Tel est l'objet du présent chapitre.

Le rôle du manager face aux représentants du personnel

La mise en œuvre d'une politique de relations sociales implique que soit clairement reconnu et précisé le rôle des différents acteurs sociaux : direction générale, direction des ressources humaines, représentants du personnel, membres de l'encadrement. Comme on l'a vu, la loi précise les attributions des instances représentatives du personnel : délégués syndicaux, comité d'entreprise, délégués du personnel, CHSCT. Reste à définir l'équilibre souhaitable entre représentants du personnel, responsables des ressources humaines et personnel d'encadrement. Or, cela ne va pas de soi.

La « théorie des deux guichets »

Prenons le cas d'un salarié qui souhaite un renseignement, par exemple : « Fera-t-on le pont cette année à l'Ascension ? » Il va pour cela aller trouver son chef d'équipe ; celui-ci, probablement, ne pourra pas lui donner une réponse immédiate, il lui dira qu'il va s'en occuper. En l'absence de réponse, ce salarié va relancer le chef la semaine suivante, mais celui-ci n'a pas eu le temps de s'en occuper et promet une réponse pour la semaine suivante. Nouvelle relance : cette fois-ci, non seulement le salarié n'obtient pas la réponse qu'il attendait, mais en plus, il se voit accusé de ne penser qu'à ses vacances. Que va-t-il faire ? C'est très simple : la fois suivante, il s'adressera au délégué. Naturellement, cela vaut dans le sens inverse : si, ayant été interrogé en premier, le délégué, par négligence, s'abstient de répondre à la question qui lui avait été posée, la fois suivante, le salarié s'adressera au chef.

Tel est le fondement de la « théorie des deux guichets » : le salarié, ayant à choisir, pour présenter une demande, entre le chef et le délégué, choisira finalement celui des deux « guichets » où il obtient la réponse à la fois la plus rapide et la plus précise. Dans un cas, ce sera le chef, dans l'autre, ce sera le délégué. Ainsi se joue, dans les ateliers, les rayons et les bureaux, une partie subtile dont l'enjeu s'énonce en termes de confiance et d'influence. Dans certaines entreprises, l'encadrement a ainsi purement et simplement renoncé à répondre aux demandes du personnel : il se concentre sur la technique, la répartition du travail, et laisse le champ libre aux délégués pour tout ce qui concerne les problèmes humains, qu'il s'agisse de demandes d'information ou du remplacement d'un tabouret cassé. Faut-il s'étonner, dans ces mêmes entreprises, du rôle « excessif », selon la direction, que jouent les délégués ? Si le chef ignore une demande de remplacement d'un tabouret cassé, ou s'il ne dispose pas des moyens qui lui permettront de lui donner satisfaction, dès lors que la demande est justifiée, le problème sera traité par les délégués, et il y a de fortes chances pour qu'ils obtiennent satisfaction. Dans ces conditions, l'habitude se prendra vite de s'adresser à ces derniers, et donc, d'ignorer l'encadrement.

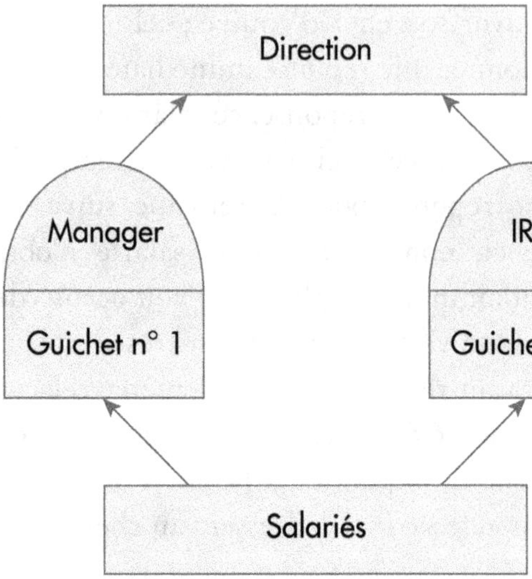

De nombreuses entreprises, qui sentaient l'influence de l'encadrement se réduire au bénéfice des représentants du personnel, se sont engagées dans ce que l'on pourrait appeler une politique de reconquête. Encore faut-il se montrer cohérent, ce qui n'a pas toujours été le cas. Pour que l'encadrement joue son rôle sur le plan humain, il doit en avoir les moyens et y être incité : comment répondre à des demandes d'information s'il ne dispose pas lui-même des informations nécessaires ou de la possibilité de se les procurer facilement et rapidement ? Comment répondre à une demande de remplacement d'un tabouret, ou d'un tire-palette, s'il ne dispose pas du budget nécessaire ? Et quel intérêt pour lui si, en fin de compte, lors de l'entretien annuel d'évaluation, il est jugé sur ses seuls résultats commerciaux ou « opérationnels » ?

Les militants, de leur côté, ne sont pas exempts de critiques et ont beau jeu de mettre en avant la « répression patronale » dont ils seraient l'objet. Nombre d'entre eux ne trouvent guère valorisant d'avoir à régler les « petits problèmes » pour lesquels on vient les trouver ; certains d'entre eux se refusent à jouer ainsi un rôle « d'assistante sociale ». Comment ne pas comprendre, dans ces conditions, que les salariés se détournent d'eux ? « Ils ne sont jamais là, sauf avant les élections (professionnelles) », affirmait un compagnon, dans une entreprise pourtant connue pour ses traditions syndicales. Avec cette conclusion : « Les syndicats, vous savez, ça intéresse davantage la direction que les ouvriers. »

Si ni l'encadrement ni les militants ne s'intéressent aux problèmes qui se posent sur le terrain, à qui l'ouvrier ou l'employé pourra-t-il s'adresser ? Ainsi se crée, dans certaines entreprises, un sentiment de profonde solitude : il n'y a personne, en cas de problème, à qui l'on pourrait se confier. Les possibilités de recours sont mal connues, les services centraux trop éloignés ; chacun reste seul avec ses difficultés ; jusqu'au jour où, par un mouvement de ras-le-bol, un mouvement de grève éclate, que personne n'avait vu venir ; les syndicats se précipitent, la direction s'interroge. Simplement, les multiples raisons que chacun avait de n'être pas satisfait se sont agrégées en un mouvement collectif ; il faudra alors trouver une solution pour « sortir de la grève » ; et ce n'est généralement pas celle qui répondra aux véritables raisons du mouvement.

À moins que les salariés mécontents, faute de pouvoir s'adresser à leur hiérarchie ou à leurs délégués, se trouvent de nouveaux interlocuteurs, comme on le verra un peu plus loin.

Les nouvelles formes de dysfonctionnement social

D'une entreprise à une autre, en effet, l'on constate que chacun des deux « guichets » se montre plus ou moins efficace :

- l'encadrement est souvent débordé par les tâches techniques ou administratives, et donc peu présent aux côtés des salariés. Il a lui-même du mal à se procurer en plus haut lieu les informations qui lui permettraient de répondre aux questions qui lui sont posées. En outre, il y a plus urgent à ses yeux : atteindre les objectifs, satisfaire aux exigences de *reporting*. Autant dire, dans ces conditions, qu'il jouera plus ou moins mal son rôle de relais d'information et de vecteur des demandes formulées par les salariés ;

- les délégués du personnel, bien souvent, ne se révèlent pas plus performants. Ils manquent eux-mêmes d'informations et il leur faut souvent attendre la réunion mensuelle des délégués pour les obtenir. En outre, certains d'entre eux se montrent peu compétents et, pratiquement, peu au fait des préoccupations de leurs mandants ; à quoi s'ajoute le cas de ceux qui sont absents durant leurs heures de délégation – « allez savoir comment ils les utilisent ? » – au point qu'on ne les voit plus guère sur le terrain.

Les enquêtes de climat social permettent de se rendre compte que dans de très nombreuses entreprises, les « guichets » numéro 1 (l'encadrement) et numéro 2 (les délégués) fonctionnent ainsi de moins en moins bien. Ni d'un côté ni de l'autre, on n'est vraiment à l'écoute de ce que les salariés auraient à demander. Il y a à cela toute une série de raisons qui tendent à se renforcer depuis quelques années :

- côté encadrement :
  - les exigences de rentabilité et l'obsession des résultats qui en découle (dans la mesure où ils conditionnent l'évaluation de l'intéressé, et donc son salaire et son avenir professionnel) sont de plus en plus fortes,
  - les réorganisations successives des entreprises ont ceci pour effet que l'on ne sait plus à qui s'adresser pour obtenir l'information dont on aurait besoin pour répondre aux questions du personnel,
  - le turnover parmi le personnel d'encadrement et le remplacement d'anciens, souvent issus du rang, par des nouveaux, moins proches de leurs équipes, a parfois un effet négatif sur sa crédibilité en termes d'écoute, de compréhension et de disponibilité ;

- côté délégués :
  - certains d'entre eux ont eux-mêmes perdu le contact avec leurs mandants. Ils sont peu présents et, étant très anciens dans leurs fonctions, ils comprennent mal les préoccupations des jeunes qui investissent progressivement l'entreprise et qui pourraient être leurs enfants. Il en résulte que ceux-ci s'adressent peu volontiers à eux,
  - ils sont souvent perdus face aux transformations de l'entreprise qu'ils ont vécues au cours de ces dernières années et peinent à comprendre les tenants et les aboutissants des décisions de la direction ; le seul domaine dans lequel ils demeurent à l'aise, en définitive, consiste en une exigence de respect pointilliste des dispositions du Code du travail,
  - tout cela aboutit alors à un déficit de crédibilité qui conduit un nombre grandissant de salariés à éviter de s'adresser à eux, même s'ils ont contribué à les faire élire, « faute de mieux ».

Lorsque l'encadrement s'est éloigné et que les représentants du personnel ne sont plus en mesure de jouer efficacement leur rôle de recours, se pose alors la question de savoir à qui s'adresser. C'est alors que la direction de l'entreprise a la surprise de voir apparaître de nouveaux guichets, dans des conditions souvent inattendues.

Cela commence souvent ainsi : impossibilité de s'adresser à l'encadrement, syndicats discrédités, émergence d'un « sujet qui fâche » : que faire ? On en parle. Quelqu'un prend la tête du mouvement et c'est, avec l'apparition d'un syndicat SUD (par exemple), l'ouverture d'un « troisième guichet ». On lui trouvera toujours des motivations plus ou moins avouables : il avait été exclu d'un autre syndicat, il était décidé à prendre sa revanche, il n'était pas bien dans sa peau, ou en situation d'échec professionnel. En attendant, la direction se trouve confrontée à l'existence de ce troisième guichet. Et s'il parvient à s'implanter durablement – ce qui est loin d'être toujours le cas – c'est probablement que les guichets numéro un et numéro deux ne remplissaient pas bien leur office aux yeux de certains au moins des salariés. Ainsi peut s'expliquer l'implantation d'un grand nombre de syndicats SUD au cours de ces dernières années.

L'observation attentive des entreprises laisse toutefois apparaître un phénomène plus récent. Créer un nouveau syndicat, c'est manifester sa confiance en l'efficacité d'une action collective. Or, nombre de salariés, notamment parmi les jeunes, en doutent. Ils vont chercher à se faire entendre par des voies personnelles, ce qui a pour résultat :

- une multiplication des plaintes adressées directement à l'inspection du travail, hors de toute intervention syndicale ;
- une multiplication, de même, des plaintes déposées auprès des autorités judiciaires pour « harcèlement moral ».

Le harcèlement moral, ou ce que l'on tient pour tel, serait-il plus fréquent aujourd'hui qu'hier ? Il est probable que non. En revanche, la loi offre une nouvelle voie d'expression des récriminations personnelles qui, naguère, s'exprimaient par l'intermédiaire des délégués. Elle coïncide avec le déclin du « collectif » au profit d'une expression individuelle des doléances. Celles-ci correspondent à tout ce que l'on n'accepte pas dans les prescriptions de l'entreprise à l'égard du salarié : « J'arrive souvent en retard le matin. J'estime que ça n'est pas bien grave, mais le chef m'en fait la remarque, insistant d'une façon de plus en plus pressante. Je m'estime victime d'un véritable acharnement de sa part et je vais donc porter plainte pour harcèlement. »

Il ne faut pas se réjouir du déclin des formes collectives d'expression des réclamations. Les délégués avaient sans doute bien des défauts, mais les plus sérieux d'entre eux avaient le grand mérite de faire le tri entre les réclamations justifiées et celles qui ne l'étaient pas. Le management se trouve ainsi de plus en plus fréquemment confronté à des initiatives individuelles, qu'il doit désormais gérer directement. L'apparition de ces guichets n° 3, n° 4 ou n° 5 ne représente pas un progrès. Il est le signe d'une évolution des comportements vers une approche plus individualiste, mais surtout d'un accueil insatisfaisant aux guichets 1 et 2.

Le symptôme ne doit pas être confondu avec le mal qui est source de son apparition. Ce qui doit conduire les entreprises à un double questionnement :

- comment renforcer l'efficacité de la représentation collective du personnel, non pas en termes de droits, mais en termes d'efficacité personnelle des délégués ?
- comment renforcer la capacité de l'encadrement, et notamment de l'encadrement de proximité, dans son rôle d'interlocuteur, au quotidien, de chacun des salariés.

C'est tout le management de l'entreprise qui demande ici à être revisité : que faire pour que le manager soit plus disponible, pour qu'il soit conscient de cette dimension humaine et sociale de sa mission, et pour qu'il dispose rapidement et aisément des informations qui lui sont nécessaires afin de répondre aux sollicitations des membres de son équipe ?

Les managers et la DRH

C'était vers la fin des années soixante-dix. A. B. était un DRH très connu dans la profession et, d'ailleurs, il présidait la délégation patronale, face à la CGT, elle-même représentée par une « vedette » bien connue. Si, dans une usine, il apprenait qu'un mouvement de grève venait de se déclencher (et cela était fréquent), son premier réflexe était de téléphoner au directeur de l'établissement afin de lui recommander de se montrer prudent et si possible de ne pas bouger. Ensuite de quoi il prenait contact avec son interlocuteur de la fédération CGT afin de se mettre d'accord avec lui. Chacun d'entre eux transmettait ensuite ses instructions sur le terrain et la suite, on pouvait l'espérer, se déroulerait conformément à ce qui avait été convenu.

Puis, A. B. ayant pris sa retraite, un nouveau DRH, dont la philosophie était toute différente, est arrivé. En cas de difficulté sur le terrain, son premier réflexe était, comme son prédécesseur, de téléphoner au directeur de l'établissement concerné, mais c'était pour lui tenir un discours très différent : « À vous de jouer, mais si vous avez besoin d'un appui, notamment sur le plan juridique, sachez que nous sommes là pour vous épauler. » Telle est la conception moderne du rôle d'une DRH. Ce rôle ne consiste pas à se substituer à la responsabilité humaine des opérationnels, mais à leur apporter l'aide d'un service support.

On a parfois dit que l'idéal serait la suppression de la DRH parce que tous les responsables opérationnels prendraient directement en charge les problèmes humains de l'entreprise. C'est aller un peu vite en affaire. Les cadres opérationnels, qu'il s'agisse d'un directeur ou d'un chef d'équipe, ne sont pas des spécialistes du droit du travail ; il est donc très important qu'ils puissent faire appel, en cas d'incertitude, à la *hot line* juridique de la DRH. L'entreprise risque ainsi d'échapper à quelques procès-verbaux et à quelques comparutions devant les prud'hommes. Il importe également, quand ils ne le font pas spontanément, de rappeler aux managers la nécessité de respecter les principes élémentaires du droit du travail et les dispositions des accords conclus avec les représentants du personnel. L'entreprise s'épargnera ainsi les réactions négatives de ces derniers pour non-respect, par la direction, des engagements qu'elle avait pris.

Il ne s'agit donc pas, pour la DRH, de se substituer aux responsabilités des opérationnels. Son rôle est double : d'une part, il s'agit de leur faciliter la tâche et de leur éviter des erreurs plus ou moins importantes en mettant à leur disposition sa connaissance des dossiers sociaux. D'autre part, il s'agit pour elle de garantir la mise en œuvre effective, au-delà du droit, des engagements souscrits par la direction et d'éviter les dérapages, dans un sens ou dans un autre (celui du laxisme ou celui d'une attitude répressive ou ignorante des obligations légales ou contractuelles) qui se révéleraient, en définitive, préjudiciables au maintien d'un climat social satisfaisant, et donc au bon fonctionnement de l'entreprise.

Ce rôle de service support, bien entendu, va bien au-delà de conseils ponctuels ou d'éventuels rappels à l'ordre. Le rôle de la DRH est de contribuer à une amélioration des performances de l'entreprise (avec toutes ses incertitudes) ; elle doit représenter, non pas une intendance (toujours trop coûteuse), mais un facteur de progrès, une contribution à la « création de valeur ». Cela passe par une gestion prévisionnelle des effectifs et des talents : comment adapter les compétences disponibles aux besoins prévisionnels de l'entreprise ? Comment procéder à la reconversion de ceux des collaborateurs dont l'emploi se trouve compromis par l'évolution des techniques ou du champ d'activités ? Comment organiser la mobilité (interne et externe) au mieux des souhaits des collaborateurs intéressés et des besoins de l'entreprise elle-même ? Comment promouvoir l'évolution souhaitable des comportements et des pratiques managériales ?

La DRH, pour asseoir son autorité auprès des directions opérationnelles, dont les responsables sont bien entendu inégalement sensibles aux problèmes humains, doit donc constamment apporter la preuve de son utilité et de son efficacité en termes de contribution à la performance globale de l'entreprise. Elle doit être proactive et considérée comme telle par la direction générale.

Un équilibre optimal entre les différents acteurs

La dynamique sociale de l'entreprise implique ainsi la prise en compte de deux règles fondamentales :

- premièrement, il y a interdépendance entre les principaux acteurs de l'entreprise. Si un syndicat, par exemple, se montre particulièrement vindicatif, il peut être utile d'aller en chercher la raison dans les pratiques, actuelles et passées, de la direction. Chacun des acteurs se détermine en partie à partir des principes qui lui sont propres, en partie à partir du comportement de ses interlocuteurs. La compréhension des problèmes sociaux implique ainsi une vision systémique de la vie de l'entreprise ;

- deuxièmement, un équilibre s'instaure pratiquement entre les uns et les autres ; cet équilibre peut être plus ou moins stable, plus ou moins satisfaisant, plus ou moins ouvert au changement ; la DRH y a sa place ; et il convient donc de s'interroger sur ce que doivent être ses relations avec la direction générale, avec les directions opérationnelles, avec les représentants du personnel et avec le personnel lui-même.

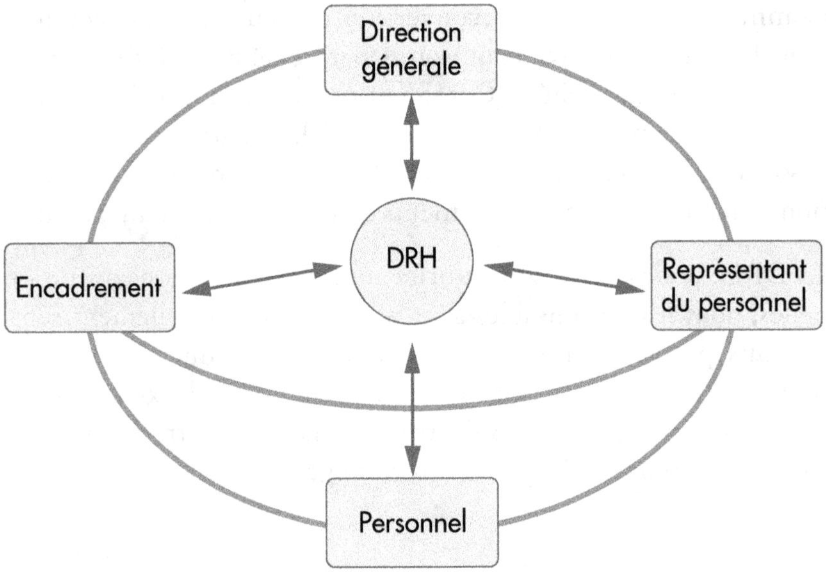

Le rôle de la DRH

Considérons d'abord les relations de la DRH avec la direction générale : en tant que membre du comité de direction, ce qui est hautement souhaitable, le DRH participe à l'élaboration des décisions stratégiques, son rôle étant de faire en sorte que leur dimension humaine soit prise en considération. Il met donc en œuvre la politique sociale décidée en cohérence avec les options stratégiques de l'entreprise (par exemple, dans le domaine de la formation) :

- vis-à-vis des instances représentatives du personnel, la DRH a un double rôle : d'une part, elle assure le fonctionnement des instances représentatives du personnel (CE, réunions de délégués, CHSCT) et donne la suite qu'il convient aux remarques des délégués ; d'autre part, elle négocie, au nom de la direction générale, les accords qui semblent souhaitables, en cohérence avec les options stratégiques de l'entreprise ;
- vis-à-vis des cadres opérationnels, la DRH (voir plus haut) joue le rôle d'un centre d'expertise, apporte ses conseils et veille à l'application effective des dispositions convenues par accord avec les représentants du personnel ;
- vis-à-vis du personnel lui-même, enfin, la DRH assure des tâches d'administration (gestion de la paye et des congés, etc.). En revanche, elle n'a pas à se substituer aux responsabilités humaines de l'encadrement.

Cet équilibre est loin d'être toujours respecté. Les dérives les plus fréquentes sont les suivantes :

- en l'absence d'une véritable prise en compte des problèmes humains au niveau de la direction générale, le rôle de la DRH se réduit à une sorte d'intendance ; elle est alors dans l'impossibilité de jouer un rôle actif dans la mise en œuvre des moyens d'accompagnement du changement ;
- afin de faire face aux carences de l'encadrement, la DRH se substitue à lui dans le règlement des multiples problèmes humains qui pourraient trouver une solution au niveau de l'atelier ou du bureau. L'encadrement, dans ces conditions, est mis « hors jeu » au profit des délégués ;
- compte tenu du poids traditionnel qu'exercent les syndicats et des traditions sociales conflictuelles, la DRH consacre l'essentiel de son énergie à la gestion de ses relations avec les « partenaires sociaux » et au suivi des contentieux (souvent juridiques)

qu'elles entraînent ; les relations entre la direction et les syndicats se trouvent alors valorisées au détriment d'une véritable politique de développement des ressources humaines.

La DRH joue ainsi, dans l'entreprise, un rôle éminemment politique : il lui faut prendre en compte simultanément l'exigence de compétitivité qui conditionne l'avenir de l'entreprise et les attentes du personnel, telles qu'elles s'expriment directement ou indirectement ; et sa position lui impose de se faire entendre entre les vues, souvent contradictoires, de ses différents interlocuteurs. Le talent du directeur des ressources humaines s'exprime ainsi dans l'art du compromis dynamique.

Le rôle social des managers

De la même manière, on va pouvoir, par rapport à cet équilibre dynamique que représentent les relations sociales, définir le rôle des managers. Il s'agira pour eux :

- d'assurer les conditions permettant à leurs collaborateurs de se montrer pleinement efficaces ;
- de répondre, aussi rapidement et efficacement que possible à leurs demandes et à leurs suggestions ;
- de prendre en charge leur accueil, à leur arrivée, puis de prendre en considération leurs souhaits de perfectionnement et d'évolution professionnelle ;
- d'assurer une information satisfaisante sur la vie de l'entreprise et sur tout ce qui peut en résulter pour eux ;
- de procéder correctement à l'entretien périodique permettant de faire le point sur la façon dont ils s'acquittent de leur tâche et de convenir des objectifs pour la période à venir ;
- de faire respecter les dispositions légales et contractuelles relatives aux conditions d'emploi (par exemple, les horaires) ainsi que le règlement intérieur ;

- d'assurer les relations indispensables avec les délégués du personnel de leur secteur.

Là encore, l'observation intime des entreprises laisse apparaître des dérives préjudiciables à leur bon fonctionnement et donc à leur efficacité :

- managers uniquement centrés sur la réalisation de leurs objectifs opérationnels, n'accordant aucune importance à la dimension humaine de leur mission ;
- managers peu disponibles, évitant de répondre aux demandes qui leur sont formulées ou de prendre en considération les suggestions d'amélioration ;
- managers s'abritant derrière un respect formel des pratiques en vigueur ;
- managers entretenant des relations exécrables avec leurs interlocuteurs syndicaux, voyant en eux des adversaires à contrer à tout prix.

Ces dérives se traduisent, pour l'entreprise, par un coût qui peut être extrêmement élevé, même s'il n'apparaît pas en tant que tel dans ses comptes. Il se traduit en effet :

- par un manque de motivation au travail, venant des collaborateurs ;
- par une perte d'efficacité collective (absentéisme abusif, absence d'initiatives, multiplication des pannes ou des erreurs) ;
- par un manque de coordination, au sein de l'équipe, qui se traduira par des retards ou des malfaçons ;
- parfois, par un départ des meilleurs, ce qui se traduira par une perte momentanée d'efficacité et par des coûts de recrutement ;
- par l'apparition et le développement de tensions susceptibles de déboucher sur des conflits.

Autant de difficultés qui tendent à se cumuler avec le temps, exigeant ensuite un recadrage qui risque d'être long à mettre en œuvre, compte tenu des mauvaises habitudes auxquelles il s'agira alors de mettre fin.

La communication sociale

« Plus on communique, et moins on se comprend. » Les entreprises ont pourtant multiplié les moyens d'information interne, et notamment les journaux d'entreprise. Ce n'est pas pour autant que le personnel s'estime mieux informé. Nombre de journaux d'entreprise ne répondent pas à ce que l'on pourrait en attendre : plus ou moins luxueusement présentés, on y découvre l'éditorial du président, la description des nouveaux produits, les succès des commerciaux dans le Sud-Est asiatique, ceci sans compter le « carnet » des heureux événements et des départs à la retraite ou les résultats de l'équipe de foot. Mais rien de ce qui préoccupe réellement le personnel au moment où il reçoit l'information. Le style en est souvent aseptisé, les prestataires de service chargés de leur élaboration évitant soigneusement de traiter les sujets qui font mal… c'est-à-dire ceux qui importeraient aux yeux des lecteurs.

Les salariés, en fait, reçoivent de l'information de cinq sources différentes :

- l'information par la voie hiérarchique, formalisée dans le cadre de réunions périodiques ou spontanées, « à la machine à café » ;
- l'information directe, venant de la direction générale, par le biais de canaux internes (du journal d'entreprise à la « Lettre du président ») ou par le canal des médias extérieurs à l'entreprise ;
- les informations écrites (notes d'information, publications internes, journal électronique, intranet…) ;
- les rumeurs (toujours à la machine à café…) ;

- les informations venant des représentants du personnel, dans leur diversité.

L'importance respectivement accordée à ces différents canaux, selon les enquêtes auprès du personnel, est hautement significative de la façon dont s'organise la communication à l'intérieur de l'entreprise :

- en ce qui concerne l'information écrite, le ton des journaux d'entreprise est souvent perçu comme excessivement formel, et leur contenu insignifiant. Il n'en va pas de même des multiples notes d'information, souvent très concrètes, qui sont diffusées au niveau de l'établissement, du service ou de certaines catégories de personnel ; celles-ci répondent à des besoins très précis ; en revanche, elles laissent dans l'ombre les informations générales qui ne sont pas directement nécessaires au travail quotidien ;
- l'importance accordée aux informations d'origine syndicale (tracts, affichages) est très significative du crédit accordé aux représentants du personnel. Elle est le plus souvent (mais pas toujours) inférieure à l'importance prêtée aux informations venant de la direction. Toutefois, elle est souvent plus rapide et peut, en cas de crise, devenir une source majeure de compréhension et d'interprétation de la situation. De même, les salariés y découvriront avec intérêt les enjeux des négociations en cours, et notamment des négociations salariales ;
- en l'absence d'informations fiables sur les thèmes susceptibles de créer de l'inquiétude (projets de restructuration, par exemple), les rumeurs vont souvent bon train ; « radio-couloir », « radio-moquette », sont ainsi souvent citées comme des sources d'information importantes, à défaut de moyens plus fiables de savoir ce qu'il en est. Les rumeurs se trouvent souvent favorisées par le goût du secret que l'on trouve dans certaines entreprises ;

- l'information directe par les responsables hiérarchiques, enfin, apparaît comme un besoin qu'aucun autre moyen disponible ne saurait satisfaire. Dans certaines entreprises, les salariés y voient la « vraie information », par opposition à l'information anonyme que représentent les informations écrites.

Importance de la communication directe

Un « patron », ce devrait être d'abord quelqu'un qui sait communiquer avec ceux et celles qu'il doit entraîner, et qui, par conséquent, sont soucieux de savoir où il les conduit. Cela semble aller de soi, et pourtant l'expérience montre bien souvent l'existence d'un profond malentendu. À entendre le manager, il fait de gros efforts pour communiquer avec le personnel sur lequel s'exerce son autorité : réunions d'informations régulières, notes internes, rencontres informelles. Pourtant, à entendre ses collaborateurs, il se montre peu disponible, avec une tendance à s'enfermer dans son bureau ou à disparaître en réunion.

Comment expliquer une telle différence de points de vue, que les audits sociaux révèlent trop fréquemment pour que l'on puisse y voir quelque chose de fortuit ?

- la plupart des managers, en France, n'ont pas bénéficié d'un entraînement à la communication à l'occasion de leurs études ; celles-ci sont essentiellement centrées sur des disciplines techniques ; les « problèmes humains » sont implicitement désignés comme secondaires. Encore heureux si le jeune diplômé n'a pas acquis un sentiment de supériorité par rapport à ses camarades issus d'écoles moins prestigieuses. À cela s'ajoute la tradition profondément individualiste de notre système éducatif ;
- la « culture sociale » des cadres et des dirigeants est souvent au moins aussi fruste que la culture économique de certains de leurs interlocuteurs syndicaux. D'où une certaine méconnaissance des référentiels des personnes, d'origine et de formation différentes, avec lesquelles ils sont pourtant conduits à travailler

quotidiennement. L'expérience permet souvent de compenser ce manque initial de connaissances, mais il reste à la cadrer dans une problématique plus large. La bonne volonté ne saurait suppléer à ce manque de culture psychologique et sociale : la naïveté conduit en effet à de sévères désillusions et à une aigreur qui ne préjuge rien de bon pour l'avenir ;

- il y a toujours plus urgent que de « perdre du temps » à communiquer des informations qui ne sont pas immédiatement indispensables. L'attrait pour la technique (quelle qu'en soit la nature) et la pression des résultats à atteindre conduit souvent à négliger ou à remettre à plus tard réunions d'information générales ou débriefings sur les événements importants ou les perspectives de l'entreprise et du service ;
- les salariés, le plus souvent, ne se plaignent pas du manque d'informations nécessaires pour l'accomplissement de leur travail de tous les jours. En revanche, ils déplorent fréquemment le manque d'informations plus générales qui leur permettraient de savoir « où on va », de comprendre les raisons de telle décision qui les concerne indirectement et sur laquelle aucune explication ne leur a été fournie, et de donner sens, ainsi, à leur contribution. Autrement dit, les informations portent plus fréquemment sur le *comment* – les « outils de la qualité », par exemple – que sur le *pourquoi* (pourquoi la qualité est-elle devenue une exigence vitale pour l'entreprise ?).

Le « manque de temps », souvent invoqué par les managers, pour justifier ce manque de communication qui leur est reproché, est bien entendu une réalité, mais il représente aussi la conséquence d'un arbitrage implicite : c'est sans doute qu'il y a mieux à faire. Les conséquences, quoique difficilement mesurables, n'en sont pas moins importantes :

- absence d'adhésion aux objectifs poursuivis par l'entreprise ;
- incompréhension des prescriptions (directives et procédures) imposées aux salariés ;

- propagation de rumeurs ou d'interprétations abusives ou erronées des initiatives de la direction les plus voyantes.

À cela s'ajoute un certain nombre d'erreurs assez fréquentes dans la façon de communiquer.

Les erreurs à éviter

Une bonne communication est d'abord une communication orale, de personne à personne ; elle représente en effet un signal fort de reconnaissance pour la personne à laquelle elle s'adresse. La communication écrite, quoique indispensable, ne fait que la compléter ou la confirmer. Jamais elle ne doit s'y substituer. C'est une illusion, par exemple, de croire que l'existence d'une plateforme Intranet complète et facilement accessible par tout le monde au sein de l'entreprise permet de se dispenser d'informations orales. Bien au contraire, l'Intranet sera souvent perçu comme la manifestation d'une dégradation des relations de travail dans la mesure où celles-ci deviennent plus impersonnelles et où chacun en tire un sentiment d'isolement, voire de solitude face aux exigences de son travail.

La communication orale

Un entretien en face-à-face, individuel ou collectif, ne s'improvise pas. Il convient ainsi d'avoir certaines règles présentes à l'esprit et de ne pas confondre les différents types de situation auxquels on peut être confronté. Il faut bien distinguer :

- *l'information*. Celle-ci est alors à sens unique, les réponses aux questions visant surtout à s'assurer qu'elle a été correctement comprise ;
- *la notification*. Il s'agit alors de la présentation d'une décision qui ne saurait être remise en cause, et donc qu'il est inutile de discuter ;

- *la discussion*. Il s'agit d'un échange d'informations, le plus souvent informel, permettant aux interlocuteurs de mieux connaître leurs points de vue respectifs ;
- *la négociation*. La discussion vise alors, à partir de points de vue et d'intérêts différents, à essayer d'aboutir à une solution mutuellement acceptable ;
- *la confrontation*. La discussion vise alors, venant de l'un des interlocuteurs, à agresser verbalement l'autre afin de le mettre en difficulté, de prendre l'avantage sur lui et, si possible, de le déstabiliser et de le déconsidérer.

La confusion entre ces différents types de situation est susceptible de conduire à de mauvais résultats : c'est ainsi que l'on voit des managers chercher à « négocier » alors que leur interlocuteur cherche uniquement à leur faire perdre la face, ou qu'ils se laissent entraîner dans une discussion visant à la remise en cause d'une décision, parfois désagréable, qu'il s'agissait simplement de notifier.

On ne gagne rien, par ailleurs, à prolonger inutilement un entretien car ceci peut être l'occasion, pour un interlocuteur perspicace, de mettre son vis-à-vis en défaut ; un demandeur peut en effet avoir tout intérêt à vouloir prolonger la « discussion » afin de tenter d'arracher finalement l'engagement qu'il cherche à obtenir.

La communication écrite

En matière de communication, il faut avoir simultanément en tête les trois composantes (économique, juridique, humaine) obligées de toute situation sociale :

- le manager, avec ses interlocuteurs, ne saurait oublier, sans graves inconvénients, la nécessité pour lui (et pour l'entreprise qu'il représente) de faire preuve de réalisme et d'aboutir à des résultats ;

- toutefois, il ne doit pas non plus négliger la dimension juridique, parfois assez formelle, des situations auxquelles il se trouve confronté. En cas d'incertitude sur la conduite à tenir, il demandera toujours conseil à la DRH avant de s'engager à quoi que ce soit, quitte à proposer à son interlocuteur de repousser la discussion ;
- il ne doit pas négliger, enfin, la dimension proprement humaine des relations de travail dans l'entreprise. C'est cette absence de compréhension de la problématique de l'autre, de ses préoccupations et de ses espoirs, qui conduit le plus souvent à la dégradation des rapports de travail qui servira de terreau favorable à un éventuel conflit.

Une communication par l'écrit doit être d'un style simple et précis, elle doit être parfaitement compréhensible pour les gens auxquels elle est destinée et elle doit s'appuyer sur des éléments factuels qu'il faut savoir souvent dissocier des « incantations statistiques ». Cela suppose de savoir « se mettre à la place de l'autre », en tenant compte à la fois de ses préoccupations personnelles et de son degré de connaissance des dossiers. On évitera en particulier tout jargon incompréhensible pour le non-initié.

La communication sociale, par ailleurs, doit s'inscrire dans la durée. Les dirigeants changent mais les syndicalistes restent en place et savent rappeler les promesses qui leur avaient été faites naguère par d'autres : « À telle date, il avait écrit cela. » Ceci suppose une stratégie de communication qui ne consiste pas seulement à réagir à l'événement, mais qui s'inscrive dans une continuité, même si l'information doit venir à point nommé en fonction du contexte et par le canal le mieux adapté.

Ainsi, dans la conduite d'un changement, c'est un plan de communication globale, impliquant tous les acteurs sur le registre particulier de chacun d'entre eux, qui devra être mis en place. Il devra articuler information générale et prise en compte des micro-événements, associant information descendante et écoute. Une communication construite uniquement sur le désir de convaincre de la pertinence du point de vue de la direction perdra beaucoup d'efficacité si elle ne prend pas en compte la manière dont les salariés la perçoivent et surtout la façon dont ils la décodent.

Faire face à des situations concrètes

Le manager, dans l'exercice de ses responsabilités, va nécessairement se trouver confronté à des situations embarrassantes, parfois inattendues ou surprenantes. Il devra alors s'efforcer d'improviser à partir de sa connaissance des ressorts humains. Certaines situations, toutefois, se présentent assez fréquemment pour qu'il soit utile d'en dire quelques mots

Les heures de délégation des représentants du personnel

Comme on l'a vu, les représentants du personnel – délégués du personnel, membres du comité d'entreprise, membres du CHSCT, délégués syndicaux – disposent d'heures de délégation en vue d'exercer leur mandat. La loi prévoit :

- qu'ils peuvent prendre leurs heures de délégation à leur convenance, dans la limite correspondant à la nature de leur mandat et à la taille de l'entreprise ;
- que l'employeur ne peut en aucun cas prétendre leur demander l'usage qu'ils en font et encore moins les contrôler ;
- qu'ils peuvent, durant leurs heures de délégation, circuler dans l'établissement ou le quitter (pour se rendre à une réunion au siège de leur syndicat, par exemple) ainsi qu'ils le jugent utile ;
- qu'ils peuvent de même s'entretenir avec les membres du personnel à leur poste de travail à condition toutefois de ne pas perturber le travail ;

- qu'ils doivent prévenir leur hiérarchie du moment de leur départ et de celui de leur retour ;
- qu'ils sont tenus de respecter les dispositions d'ordre général s'appliquant à l'ensemble des salariés en ce qui concerne, par exemple, les règles de sécurité ;
- que leurs heures de délégation ne sont ni transférables d'un salarié mandaté à un autre ni reportables d'un mois sur l'autre si le crédit d'heures n'a pas été épuisé ;

Ces dispositions ont été adoptées afin de protéger les salariés mandatés des risques d'entrave à l'exercice de leurs fonctions par des employeurs ou par des supérieurs hiérarchiques qui prétendraient limiter ou contrôler leurs activités. En revanche, elles posent souvent de sérieux problèmes d'organisation aux managers. Le délégué pouvant partir en délégation de façon inopinée (mais non sans avoir prévenu), il en résulte en effet une désorganisation des plannings, parfois très serrés, qui avaient été prévus. De là une source de mécontentement :

- pour les autres salariés, sur lesquels repose la charge de travail que n'assumera pas le délégué pendant le temps où il se trouve en délégation ;
- pour le manager lui-même, qui en vient à affirmer qu'il ne peut pas compter sur le délégué, bien qu'il émarge à son budget.

Cette situation est évidemment malsaine et ne contribue pas peu à détériorer l'image que les représentants du personnel donnent d'eux-mêmes, que ce soit aux yeux de leurs supérieurs hiérarchiques ou vis-à-vis de leurs collègues de travail eux-mêmes. De là – réelles ou supposées – les accusations que l'on entend dans nombre d'entreprises : « Des fainéants, qui prennent leurs heures de délégation pour échapper aux contraintes du travail et pour partir à la pêche… » Le manager devra donc s'efforcer de faire respecter trois règles :

- procéder effectivement au contrôle des heures de délégation. L'absence de contrôle, en effet, est génératrice d'abus, au profit des représentants du personnel les moins estimables et au détriment de ceux qui s'efforcent au contraire de respecter les règles et de concilier leur activité professionnelle et les obligations liées à l'exercice de leur mandat, ce qui n'est pas toujours facile. Il sera ensuite difficile de revenir sur une telle dérive et sur des habitudes qui auront été prises, parfois de longue date ;

- procéder à un contrôle incontestable par le moyen des « bons de délégation » qui existent dans la plupart des entreprises. Ces bons de délégation, toutefois, ne constituent pas une prescription légale. Il peut arriver que, parmi les représentants du personnel, tel ou tel mauvais coucheur se refuse par principe à une telle obligation et qu'il se contente de prévenir verbalement. Il sera alors difficile de l'y obliger. C'est la raison pour laquelle certaines entreprises ont conclu des accords sur les conditions d'exercice des fonctions de représentation du personnel prévoyant la signature d'un bon de délégation au moment du départ en délégation, parfois en échange d'un contingent d'heures supplémentaires ;
- s'efforcer d'obtenir du salarié mandaté qu'il établisse un planning prévisionnel des plages horaires durant lesquelles il prévoit d'être indisponible, certaines de ses activités étant en effet prévues longtemps à l'avance (les permanences, notamment). Pour autant, même si un tel planning ne peut être tenu pour définitif (le salarié mandaté risque en effet à tout moment d'être appelé pour une urgence), il permet au manager de s'organiser en conséquence. Le salarié mandaté est lui-même susceptible d'en tirer un avantage : en évitant que le poids de son absence inopinée ne retombe sur ses collègues de travail, il contribue à donner de lui-même une image de sérieux.

Le manager a tout intérêt à entretenir des relations de bon voisinage avec les représentants du personnel. Mais ces bonnes relations ne doivent pas s'obtenir en fermant les yeux sur des pratiques illégales ou abusives. De ce point de vue, le respect des règles représente le fondement des relations courtoises qui pourront ensuite s'instaurer, chacun étant assuré d'être dans son rôle et respectant l'autre pour celui que lui-même il exerce.

L'entretien d'appréciation du salarié mandaté

Nombre d'entreprises ont mis en place des entretiens périodiques d'appréciation, généralement selon un rythme annuel. Ces entretiens sont l'occasion, souvent sur la base d'un support imprimé, de faire le point sur les résultats de l'année écoulée, compte tenu des objectifs qui avaient été convenus, de se mettre d'accord sur des priorités d'action et sur les objectifs à atteindre au cours de l'année à venir, et enfin de faire le point sur les besoins de formation et sur les souhaits éventuels d'évolution du salarié concerné. Parfois, enfin, il sera question, au cours de l'entretien, de primes ou d'augmentations de salaire au mérite.

Il n'y a aucune raison que le salarié mandaté ne se plie pas à une règle du jeu qui vaut pour tous. La pratique de l'entretien d'appréciation, en ce qui le concerne, suscite toutefois certaines difficultés :

- certains représentants du personnel refusent absolument de s'y plier. Ils contestent la pertinence d'une telle méthode, y voient une individualisation abusive et entendent s'en tenir à des règles collectives ;
- certains managers éprouvent une certaine réticence devant ce qu'ils envisagent comme une épreuve et soutiennent que le délégué « n'étant jamais là », ils ne peuvent porter d'appréciation (sinon négative pour ce qui concerne sa disponibilité) sur son travail.

Ces difficultés s'accompagnent souvent d'*a priori* en ce qui concerne l'appréciation qui sera portée sur le travail du salarié mandaté. Le manager peut trouver celui-ci insuffisant ; le délégué peut au contraire affirmer que c'est son mandat qui lui vaut d'être noté négativement, ou encore, que les objectifs sur lesquels il est jugé sont incompatibles avec les absences dues à son mandat. Il en viendra à dénoncer plus généralement la méthode elle-même ou à accuser la direction de discrimination à son égard. Dès lors que faire ?

- il n'y a aucune raison pour que le délégué se soustraie à la règle qui vaut pour ses collègues de travail alors que les autres acceptent une telle discipline. Et donc, même si on ne peut contraindre quelqu'un à accepter un entretien auquel il se refuse, il importe au moins de l'y inviter ;

- le salarié mandaté doit faire l'objet, venant de son supérieur hiérarchique, d'une appréciation portant sur son activité professionnelle, et uniquement sur son activité professionnelle. Cela exclut par conséquent tout jugement sur la façon dont il exerce son mandat de représentation. Cela doit éventuellement lui être rappelé au moment de commencer l'entretien.

Cela étant dit, on ne saurait ignorer que la situation n'est guère confortable pour le manager lorsque le salarié dont le travail est jugé insatisfaisant se trouve être par ailleurs un délégué à l'abord peu amène et toujours prompt à évoquer une discrimination intolérable à son égard. D'où les règles instituées, souvent par voie d'accord, dans certaines entreprises :

- possibilité d'appel auprès de la DRH en cas de notation par son supérieur jugée inacceptable par le salarié mandaté ;
- notation directement par la DRH dans le cas d'un cumul de mandats représentant au total un nombre d'heures de délégation supérieur, par exemple, à une moitié du temps de travail ;
- augmentation individuelle de salaire, au bénéfice de chacun des salariés mandatés, calculée sur la base de la moyenne des augmentations de salaires des salariés de même qualification. Ou encore, vérification annuelle, en vue de se garder de toute accusation de discrimination ou de favoritisme, que les augmentations de l'ensemble des représentants du personnel correspondent bien à celles de l'ensemble du personnel.

Cela ne saurait certes éliminer à coup sûr toutes les difficultés. Et si les salariés mandatés peuvent craindre d'être victimes de discrimination à leur encontre, tel manager se plaindra de son côté d'avoir dû, afin d'éviter une telle accusation, accepter de donner une augmentation à un délégué qui, à l'entendre, ne la méritait pas. Au moins aura-t-on institué une règle afin d'éviter les abus les plus notables, que ce soit dans un sens ou dans un autre. Reste sa mise en œuvre, qui peut ne pas aller de soi, chaque situation représentant un cas particulier qui nécessitera que l'on trouve une solution « d'homme à homme ».

Le manager confronté à un délégué « difficile »

Certains managers affirment être confrontés à un représentant du personnel qui, expliquent-ils, serait agressif, vindicatif, parfois même violent, et qui leur « polluerait » l'existence. Leurs relations avec lui, à les entendre, se résumeraient à une sorte de guérilla permanente dont ils imputent alors la responsabilité à leur interlocuteur qu'ils accablent volontiers de reproches.

Le DRH se trouve alors confronté à une situation qui n'est jamais simple. Peut-être le délégué a-t-il effectivement un comportement inacceptable, et même susceptible de faire l'objet d'un recours judiciaire. Mais peut-être le manager exagère-t-il, ses reproches exprimant d'abord les mauvaises relations qu'il entretient avec son interlocuteur. Il va falloir alors essayer de croiser les informations afin de savoir ce qu'il en est réellement. Ensuite, il va falloir imaginer une solution, qui ne saurait – sauf faute grave de sa part – passer par le désaveu du manager, et dont la mise en œuvre prendra peut-être du temps. Et tout d'abord, il va falloir se garder d'un certain nombre d'erreurs.

Ne pas opposer agressivité à agressivité

Venant d'un représentant du personnel, un comportement agressif peut résulter, soit d'un tempérament naturellement violent, soit d'une situation sociale dégradée. Quoi qu'il en soit, le manager qui lui fait face – chef de service ou chef d'établissement – est naturellement tenté de vouloir en finir avec une situation qui lui paraît intolérable. Laissé à lui-même, il risque ainsi, par son propre comportement, de compliquer encore le problème en s'engageant dans une spirale répressive. Au-delà de la fermeté que la situation exigerait, il va répondre coup pour coup ou essayer de déstabiliser son adversaire par des « coups tordus » qui ne feront que le renforcer dans sa détermination.

De là une situation de blocage évidemment préjudiciable au climat social, indépendamment des problèmes en suspens, les salariés assistant alors à un pugilat dont ils ne se sentent pas partie prenante. Le risque est évidemment de donner implicitement raison au représentant en en faisant un « martyr » et, ainsi, de renforcer sa crédibilité. Celle du manager, en revanche, ne l'est pas. Les salariés, d'une façon générale, réprouvent en effet toute forme d'action agressive qui n'est pas expressément justifiée par les circonstances. Celui qui se montre ainsi le plus inutilement agressif est assuré de se discréditer aux yeux du plus grand nombre.

Bien entendu, il ne s'agit pas non plus de laisser le délégué agressif se comporter à sa guise au détriment de l'efficacité de l'entreprise et au détriment de représentants du personnel observant un comportement plus mesuré. Une attitude de faiblesse, ou de lâcheté, sera vite perçue négativement par une partie du personnel, qui ne se reconnaît pas dans le comportement agressif du délégué et qui en viendra ainsi à reprocher au management son manque de fermeté. Tel syndicat en étant ainsi venu à « faire la loi », une remise en ordre risque par la suite de se montrer indispensable, qui sera interprétée comme une « déclaration de guerre » ou le signe, venant de la direction, d'une volonté de « répression ». Or, une telle remise en ordre ne se serait pas imposée si l'on avait fait preuve, à temps, de la fermeté nécessaire pour éviter toute dérive ultérieure.

Deux attitudes à éviter impérativement

- l'agressivité inutile ;
- la faiblesse honteuse.

Fermeté n'est pas agressivité : l'attitude à adopter

Le manager doit donc surtout éviter de s'enfermer dans un état de fureur symétrique à celle qu'il attribue à son interlocuteur. Son comportement ne doit pas être inspiré par la colère qu'il lui inspire, mais par la nécessité de faire respecter certaines règles – règles légales, règles de fonctionnement et règles de civilité :

- le délégué dispose de droits (le plus souvent, il en fait volontiers état), mais il doit lui-même respecter certaines règles légales (on a vu plus haut lesquelles). Le manager doit de son côté veiller à ce qu'elles soient effectivement respectées ;
- le manager a la charge de diriger une équipe et il est de l'intérêt, pour les membres de celle-ci, que les choses se passent au mieux. Cela suppose le respect de certaines règles de fonctionnement dont l'inobservance risque de se traduire d'une façon négative (manquement à la sécurité, surcroît de travail, déficit d'efficacité collective) pour le personnel comme pour l'entreprise. Il se doit donc de repérer, et éventuellement de sanctionner, les comportements qui portent atteinte à l'intérêt des membres de l'équipe et se comporter ainsi en garant de l'intérêt général ;
- il doit enfin assurer le respect de règles minimales de civilité, sachant que celles-ci ne sont pas les mêmes au pied d'un haut-fourneau que dans un commerce de luxe. Quoi qu'il en soit, il s'agit de s'opposer à toute dérive par rapport à la bienséance ; les comportements gravement injurieux doivent donc être sanctionnés, sachant que la plupart des salariés eux-mêmes admettent difficilement, venant de leurs représentants, un comportement qui ne leur ferait pas honneur.

La conduite du manager

- savoir maîtriser sa propre colère, face au comportement qu'il reproche à son interlocuteur ;
- se poser en gardien des règles sur lesquelles repose le fonctionnement du collectif de travail (et ceci tout en respectant la diversité des options ou des points de vue personnels) ;
- faire preuve, face aux emportements de la passion, d'une autorité propre à lui rallier la sympathie du plus grand nombre.

La nécessité de dénouer la situation

Les mauvaises relations entre manager et représentant du personnel sont souvent fondées sur une logique qui débouche sur des réactions symétriques de violence mimétique : plus le délégué se montre « virulent » aux yeux du manager, plus celui-ci se livre à une « chasse aux sorcières » aux yeux du délégué, plus ce dernier se montre lui-même hargneux, et ainsi de suite. Bien entendu, il ne s'agit plus de chercher à comprendre pourquoi l'autre se comporte ainsi, mais de chercher à l'anéantir.

Au passage, l'on s'en fera une image négative, plus ou moins décalée par rapport à ce qu'il est réellement. À cela s'ajoutent les réactions de groupe résultant du jeu de rôles où chacun tend à s'enfermer, de sorte que tel individu délicieux en privé se comportera comme une bête furieuse dès lors que la situation l'exige de lui, ou du moins du personnage qu'il représente.

Dans ces conditions, il peut être urgent de prendre du recul, et c'est bien le rôle qui revient alors à la DRH qui, intervenant de l'extérieur, devra se poser préalablement deux questions :

- le délégué est-il réellement aussi odieux que le manager le prétend ?
- pourquoi est-il comme cela ?

À partir de là, il va lui falloir intervenir de différentes façons :

- faire en sorte que le manager respecte les règles en vigueur dans l'entreprise en ce qui concerne les relations sociales, celles-ci se fondant sur le respect des textes légaux, réglementaires et contractuels, ainsi que sur des principes éthiques tels qu'ils ont été validés par la direction générale. Il s'agit, autrement dit, de s'opposer à d'éventuels dérapages, venant de managers avant tout soucieux d'efficacité immédiate et qui ne sont pas nécessairement très au courant du cadre juridique qu'ils doivent respecter et faire respecter. Il s'agira alors de lui éviter de se mettre en infraction avec la loi (délit d'entrave) tout en le soutenant dans l'action à mener contre d'éventuels débordements, venant du délégué, en vue de son « recadrage » légal ;
- dénouer la logique de situation ayant abouti à un constat de blocage en la faisant progressivement évoluer. Cela nécessitera, dans le temps, une action diplomatique alliant fermeté et souplesse et supposera dans certains cas de faire comprendre au manager que la solution la plus efficace n'est pas nécessairement la plus radicale et que la détérioration du climat social résulte souvent d'abord de carences en matière de management. Au-delà du cas d'espèce (parfois, hélas, aussi inévitable qu'immérité), il s'agira, autrement dit, de faire évoluer la représentation du personnel et les rapports sociaux dans le sens d'un respect mutuel et de l'acceptation, de part et d'autre, des règles du jeu (règles légales et règles comportementales).

La règle d'or

- prendre du recul ;
- assurer le respect des préceptes qui s'imposent de part et d'autre ;
- dépasser les accusations réciproques et favoriser les évolutions qui permettront d'en finir avec une situation de blocage et de violence mimétique.

Accusation de harcèlement : du symptôme à la cause

Les affaires de harcèlement sont de plus en plus un sujet de préoccupation pour les DRH. Les histoires que l'on se raconte à ce sujet ne manquent pas. Ici, c'est un employé qui porte plainte contre un chef d'équipe qui a voulu l'obliger à refaire un ouvrage bâclé ; là, c'en est un autre qui a simplement voulu faire appliquer les règles en vigueur dans l'entreprise concernant les horaires. Il n'y aurait donc plus de limites aux situations susceptibles de donner prise à une accusation de harcèlement.

Au-delà de l'incertitude juridique qui en résulte pour l'entreprise, il est permis de voir dans la multiplication des affaires de harcèlement le signe d'autre chose. Il s'agit d'un symptôme. Du symptôme, il convient donc de remonter aux causes. Or, elles sont multiples : les unes résultent de l'évolution des comportements sociaux, les autres sont susceptibles d'être une conséquence de la politique menée par l'entreprise elle-même.

L'aboutissement d'une évolution des comportements

Les abus sexuels et les tentatives de séduction forcée, les pressions abusives ou perverses visant à « faire craquer » un salarié, ne sont pas chose nouvelle. Ce qui l'est, en revanche, c'est que les abus, qu'il s'agisse d'abus sexuels ou de brimades, ne sont plus acceptables.

Ceci s'explique par l'évolution de la société et par les comportements qui s'ensuivent. Le Français d'aujourd'hui se veut autonome. Et donc il va désormais protester contre ce qu'il juge être un manque de respect ou une fourberie à son égard. Il ne s'agit plus seulement d'une révolte collective – celle dont était porteur le « mouvement ouvrier » – mais d'une réaction personnelle. La loi, de ce point de vue, ne fait que prendre acte d'une démarche qui, désormais, semble aller de soi. Et donc, aujourd'hui, certains dénoncent ce que naguère ils se seraient peut-être contentés de subir en silence. L'outrage fait à la personne n'est plus permis.

Le problème, c'est celui de la dérive qui en résulte. Une chose est de faire respecter ses droits fondamentaux, une autre est de penser que l'on a tous les droits. Où se trouve donc la limite ? L'esprit de l'époque va clairement dans le sens de la défense des droits, beaucoup moins dans celui d'une affirmation des devoirs. Il y a absence de devoirs parce qu'il y a absence de références morales sur quoi les fonder ; et donc absence de l'autorité qui ainsi se justifierait afin de les faire respecter. D'où il résulte que toute manifestation un peu ferme d'autorité, dès lors que les prescriptions qu'elle met en avant ne sont pas comprises et acceptées comme légitimes, sera *a priori* contestée. « Je vous colle un avertissement parce que systématiquement vous arrivez en retard tous les matins. » Réponse : « C'est du harcèlement. »

De là il est aisé d'en arriver à l'abus de droit. Le manager veut obliger son collaborateur à respecter les règles qu'il juge normales, mais qui l'importunent. Celui-ci va donc répliquer en l'accusant de harcèlement. Et cette démarche lui semble d'autant plus légitime que le harcèlement, si c'en est un, est désormais sanctionné par la loi. Cela sans compter bien sûr le fait qu'il peut ainsi espérer se soustraire à cette contrainte désagréable que l'on voudrait lui imposer. La loi n'intervient pas alors en volant au secours de ce qu'il estime être son droit, mais comme un moyen de ce qu'il estime être son intérêt bien compris, tel qu'il lui est désormais possible de le faire respecter au nom de la morale.

Comment le manager peut-il se prémunir ?

L'entreprise doit bien évidemment prendre en compte l'évolution des comportements dans la façon dont elle conçoit son management humain :

- ce qui était accepté hier, même à contrecœur, ne l'est plus aujourd'hui, notamment par les jeunes. Ceux-ci se montrent excessivement sensibles au « respect » et à tout ce qu'ils considèrent, à tort ou à raison, comme une forme de discrimination à leur égard ;

- l'exercice de l'autorité a cessé d'aller de soi ; un ordre donné sur un ton un peu brutal et sans explication est susceptible d'être reçu comme une brimade inacceptable et de se heurter à une réaction de refus indignée ;
- les règles (loi, règlements, us et coutumes, normes de politesse) qui semblaient hier légitimes ne sont plus nécessairement connues et admises comme telles aujourd'hui ; ce qui va de soi pour le supérieur hiérarchique ne va pas nécessairement de soi pour le collaborateur auquel il s'adresse, surtout lorsqu'ils ne sont pas de la même génération.

Dans ces conditions, la relation hiérarchique, telle qu'elle fonde l'organisation de l'entreprise, peut devenir problématique. Le manager croit agir comme il le doit, compte tenu de la responsabilité qui lui a été confiée et des objectifs qu'il doit atteindre, mais le collaborateur auquel il s'adresse, lui, a le sentiment d'être agressé. Une relation d'incompréhension va s'installer qui risque, avec le temps, de devenir insupportable. L'un va de plus en plus fermement camper dans ses exigences à l'égard de celui qu'il considère comme un « subordonné », l'autre va se sentir poursuivi par une vindicte injuste et en venir à la considérer comme une atteinte à son intégrité personnelle.

Facteurs conduisant à des accusations abusives

- règles mal définies ou qui ont cessé d'être appliquées ;
- recadrage – jugé abusif – venant du management, succédant à une période plus ou moins longue de laxisme ;
- justification insuffisante, ou insuffisamment comprise, des raisons légitimant les contraintes nouvellement imposées.

Cette spirale régressive est susceptible de se faire plus particulièrement sentir lorsque le management de l'entreprise vise à rompre avec des habitudes qui, aux intéressés, semblent aller de soi. Il s'agit alors d'élever le niveau d'exigence et d'en finir avec certaines dérives qui se sont installées avec le temps. Ces exigences nouvelles, toutefois, sont perçues comme autant de contraintes désagréables par les personnes qui devront désormais en tenir compte dans leur comportement. Elles n'en comprennent pas la justification, en termes d'efficacité collective, ou refusent de l'entendre et n'en retiendront qu'une brimade personnelle, à laquelle elles vont vouloir s'opposer.

Cette opposition, naguère, eût été collective : action syndicale, revendications, mouvement de grève, peut-être même. Mais ceci est de moins en moins le cas en raison de la moindre considération dont jouissent les syndicats, de l'absence d'enjeux collectifs et de l'individualisation des situations de travail. L'exutoire prendra donc une forme personnelle avec l'accusation de harcèlement, qu'elle paraisse justifiée ou non. Le manager va donc devoir se prémunir contre le risque qui en résulte. Reste à savoir comment. On suggérera seulement quelques pistes :

- faire la chasse aux comportements manifestement abusifs, les sanctionner et manifester publiquement que la direction de l'entreprise ne les approuve pas ;
- préparer l'encadrement à un exercice de l'autorité qui s'exerce désormais dans des conditions qui ne sont plus celles d'antan. Cela implique de connaître et de prendre en compte, notamment, le comportement des jeunes, compte tenu de leurs propres repères ;
- afficher clairement les règles de comportement souhaitées, ou considérées au contraire comme inadmissibles, afin d'éviter toute ambiguïté ;
- toujours s'efforcer d'expliquer aux intéressés les raisons justifiant les contraintes qui leur sont imposées, surtout quand elles s'adressent à une personne en particulier plutôt qu'à une autre ;

- créer une instance à laquelle les salariés se jugeant victimes de comportements abusifs puissent s'adresser sans craindre de se voir ensuite reprocher leur démarche ;
- rechercher un accord avec les représentants du personnel sur la procédure à suivre en cas de plainte en vue de régler autant que possible les cas à traiter sans qu'il soit nécessaire au plaignant de recourir à une action en justice.

La mise en œuvre de ces prescriptions implique bien entendu un engagement de l'entreprise tout entière. Et il importe enfin de souligner qu'elles doivent l'être dans la durée.

Chapitre 4

Prévention des tensions et gestion des conflits

Les managers, le plus souvent, redoutent les conflits sociaux. Le conflit social s'identifie à leurs yeux à des violences incontrôlables et à des comportements irrationnels, sinon malveillants, qui remettent en cause leurs calculs et leurs prévisions.

Cette peur s'explique aisément. La presse rend compte parfois de conflits spectaculaires, assortis de violences et de voies de faits. Les militants eux-mêmes recourent volontiers à la menace verbale. Les relations sociales ont ainsi acquis la réputation de se présenter comme un champ de bataille. Cette violence, pourtant, se présente le plus souvent comme une violence ritualisée. Le délégué parle fort, il simule la colère, il laisse prévoir le pire, mais il s'agit là de gesticulations verbales, d'effets de manche, qui ne font pas illusion au manager averti. Encore faut-il le savoir.

Quoi qu'il en soit, le risque d'avoir à assumer un conflit apparaît d'abord comme une épreuve personnelle. Notre époque ne nous a pas habitués à la perspective d'être mêlés à des affrontements. Beaucoup préfèrent les éviter. Or, le conflit oblige chacun à s'engager. La personnalité s'y révèle. Pour le manager, il n'est pas possible de se faire « porter pâle », il doit faire face. Ce chapitre vise à l'y préparer en démystifiant le conflit social et en l'armant d'outils méthodologiques. On y apprendra donc quelles en sont les différentes phases, comment y faire face, mais avant tout, comment l'éviter. Préalablement, on rappellera quelques caractéristiques du climat social en France.

Faut-il craindre les conflits sociaux ?

La presse, presque tous les jours, fait état de conflits sociaux, ce qui finit par donner l'impression d'un véritable champ de bataille. Il s'agit pourtant d'une illusion. Dans la plupart des entreprises, les conflits, restent l'exception.

Le manager face à la violence

Le manager sera parfois confronté à des formes plus ou moins prononcées de violence. Or, la culture dans laquelle il a baigné va plutôt dans le sens de l'évitement. L'évitement consiste à refuser l'affrontement quand la situation semble y conduire d'une façon inéluctable, et à lui préférer un comportement de fuite. Par exemple, étant mécontent de l'entreprise qui m'emploie, je ne vais pas chercher à agir de façon collective afin d'obtenir satisfaction, je vais chercher à la quitter. Dans ces conditions, toute réaction d'opposition, venant des représentants du personnel comme de n'importe quel autre interlocuteur, place l'intéressé dans une situation qui lui apparaît comme insupportable.

Les situations de conflit, pourtant, peuvent sembler difficiles à éviter. Y faire face suppose toutefois un certain apprentissage de l'attitude à adopter. Ce qui signifie préalablement de mieux distinguer les différents comportements que désigne le mot « violence ». Sommairement, on en distinguera ainsi quatre formes différentes :

La violence de la colère

Prenons le cas de Cellatex, en juillet 2000. Une entreprise, dans un bassin d'emploi sinistré, ferme ses portes. L'employeur est injoignable. Les salariés avaient cru, pourtant, pouvoir sauver « leur » usine. Pour la plupart d'entre eux, il n'y a aucun espoir de reclassement et la situation est donc totalement désespérée. Leur réaction sera celle d'une explosion de colère. Ils vont occuper l'usine. Ils disposent de stocks de matières explosives et vont menacer d'aller « jusqu'au bout[1] », de faire sauter l'usine et, avec elle, tout le quartier.

Cette forme de violence n'est pas isolée. Elle se manifeste quand les intéressés ont le sentiment d'être en train de tout perdre, de se trouver dans une impasse absolue. Ainsi lors de la crise de la sidérurgie lorraine, en 1979, ou, plus récemment, à l'occasion de la faillite de Moulinex. Dans un cas comme dans l'autre, le sentiment qui domine est celui de ne plus rien avoir à perdre. La violence est alors susceptible de prendre des formes extrêmes : actions « coup de poing », dégradation d'édifices publics symboliques, séquestrations.

Il faut savoir que les responsables syndicaux redoutent de telles extrémités. Loin d'en être responsables, il leur faut s'efforcer de la canaliser, ce qui est loin d'aller de soi. Ils vont donc s'attacher à obtenir que les manifestations de défoulement n'aillent pas au-delà d'une certaine limite. Mais il leur faut pour cela pouvoir se faire entendre, ce qui suppose d'être en mesure de proposer une issue acceptable sous forme d'une solution négociée.

Bien entendu, de telles formes de violence présentent un caractère spectaculaire. Les intéressés vont du reste tenter de gagner l'opinion à leur cause en se faisant entendre le plus largement possible. La

1. C'est le titre de l'excellent film de Maurice Failevic.

colère laisse place alors au calcul. La presse se fait l'écho du conflit dans la mesure où il prend une forme spectaculaire, au même titre que les guerres, les attentats ou les catastrophes naturelles. Au total, il en résulte que les relations sociales prennent l'allure d'un champ de bataille, ce qu'elles ne sont pourtant que très exceptionnellement. Les syndicalistes apparaissent comme des fauteurs de troubles, alors qu'ils auront, le plus souvent, fait leur possible pour calmer le jeu.

La violence ritualisée

La violence de la colère présente un caractère irrépressible, au moins dans un premier temps. Elle ne doit pas être confondue avec la violence ritualisée. Comme on l'a vu plus haut, celle-ci s'inscrit dans une tradition. Le syndicalisme français, au moment où il prenait forme, au XIXe siècle, a été marqué par de grands conflits, ponctués de charges de gendarmerie montée, que ce soit dans les houillères, chez les canuts lyonnais ou dans les rues de Paris, notamment en 1871. Il a longtemps été illégal, donc plus ou moins réduit à la clandestinité. Et ses principaux leaders ont par conséquent accueilli avec enthousiasme les idéologues qui leur prêchaient la révolte, la « grève générale » ou la révolution.

Il en a résulté une rhétorique qui fait largement appel à des vocables martiaux et comminatoires. On parlera donc de « luttes sociales » ou de « combat syndical », de « rapports de forces », de « victoire » ou de « capitulation », de « bataille de l'emploi » et de « front du chômage », l'employeur étant présenté comme un « adversaire de classe ». Ce vocabulaire n'est pas le monopole des militants qui se réclament, de près ou de loin, du marxisme. Toute forme d'action syndicale, y compris la plus modérée, sera donc accompagnée de déclarations musclées qui peuvent étonner le manager étranger non prévenu, mais auxquelles il faut se garder de donner une mauvaise interprétation.

Il s'agit en effet d'un vocabulaire codé. Affirmer que « les propositions de la direction sont inacceptables » n'a pas la même signification qu'affirmer qu'elles « constituent une grossière provocation » et que « le syndicat continue d'exiger l'ouverture de véritables négociations ». Ce langage crypté, que connaissent bien les professionnels des relations avec les syndicats, permet à chacun de jouer son rôle selon un scénario convenu. Toutefois, il a ses limites. Nombre de managers, d'abord, ne le maîtrisent pas. Par ailleurs, il peut, à beaucoup, sembler excessif et hors de propos par rapport à des situations, sans grande gravité, auxquelles certains militants auraient tendance à l'appliquer tout à fait abusivement. Or, cet excès d'agressivité est décalé par rapport à ce qu'attendent, notamment, les femmes et la plupart des jeunes.

La violence sauvage

La violence ritualisée peut faire penser à un match de boxe : on se mesure et on s'affronte d'une façon violente, mais c'est moyennant le respect de règles du jeu rigoureuses et connues des deux adversaires. La violence sauvage est au contraire le fait d'un adversaire qui ne connaît aucune limite et pour lequel la violence est une manière d'être, faute pour lui d'en connaître d'autres. Elle ne présente pas un caractère exceptionnel comme la violence issue de la colère, elle n'est que faiblement ritualisée, et elle tend à s'exprimer au quotidien, d'une façon qui désarçonne celui qui s'y trouve confronté dans la mesure où elle ne semble obéir à aucune règle.

Un adolescent en tue un autre pour lui voler son téléphone portable. Interrogé sur les raisons qui l'ont poussé à ce geste criminel, il se contente de répondre : « Parce que j'en avais envie. » Ce n'est pas qu'il soit particulièrement violent, c'est simplement qu'il ne connaît aucune limite et qu'aucune autorité ni qu'aucune valeur ne s'impose à lui. Ses réactions, face aux situations auxquelles il se trouvera confronté, seront donc totalement incontrôlées. La seule règle qu'il s'accorde consiste à satisfaire son « envie » du moment.

La violence sauvage tend aujourd'hui à se développer parmi les jeunes, et pas seulement parmi ceux qui viennent des banlieues. Elle ne saurait s'interpréter comme un signe de méchanceté, mais comme l'impossibilité pour ces jeunes de faire la différence entre « ce qui est permis et ce qui ne l'est pas » ou « ce qui est bien et ce qui est mal ». Cette distinction n'a fait l'objet d'aucune transmission de la part de parents eux-mêmes peu assurés des valeurs qui les animent.

L'entreprise va donc devoir accueillir des jeunes qui, ni dans leur famille ni à l'école, n'ont acquis la nécessité de se soumettre à une autorité porteuse de règles claires. Le manager qui les accueille se voit contraint de se transformer en éducateur et prendre le temps de leur apprendre (en leur en précisant la raison d'être) certains usages qui lui semblent aller de soi. Cela suppose un ensemble précis de règles et de sanctions. Ce qu'il faut savoir, c'est que le syndicaliste se trouve dans une situation au moins aussi dramatiquement difficile que le « manager » pour contribuer à l'intégration de ces jeunes dépourvus de toute espèce de repère.

La violence silencieuse

Aux trois formes de violence que nous venons de décrire, s'ajoute une quatrième forme que l'on pourrait qualifier de violence silencieuse. Celle-ci consiste à ne pas percevoir le caractère violent du comportement que l'on adopte à l'égard d'autrui dans la mesure où on l'a instrumentalisé en vue de la réalisation des objectifs que l'on s'est soi-même fixés. Le manager, par exemple, pourra trouver « normale » une restructuration rendue à ses yeux nécessaire par un défaut de rentabilité sans se rendre compte à quel point celle-ci fait violence à ceux qui auront à en subir les conséquences. Car, en fait, il est totalement incapable de « se mettre à leur place ».

La violence silencieuse est ainsi le résultat d'une certaine incommunicabilité sociale. Individus et groupes sociaux interagissent, mais ont cessé de communiquer. Chacun, en agissant, tend à prêter valeur universelle au point de vue qui lui est propre, et donc à ignorer le point de vue, différent, que peut avoir celui qui en subira peut-être les conséquences négatives. Cette ignorance de la diversité des points de vue, et donc du caractère tout relatif de chacun d'entre eux, a pour conséquence de rendre *a priori* sans objet la conversation, le débat, la négociation, qui consisterait à prendre en compte les arguments en présence afin de tenter de parvenir à une solution dont les termes seraient partagés par les diverses parties en présence. De la disparition de cet art du compromis résultent alors des relations qui ne peuvent être fondées que sur la loi du plus fort. Il est à craindre que la violence silencieuse, ainsi comprise, en vienne à faire des ravages au sein des entreprises comme dans d'autres sphères de la vie en société. Elle serait ainsi le résultat d'une incapacité à communiquer et à partager.

Spécificités des conflits en France

La France, aux yeux de bien des observateurs étrangers, est le pays des conflits sociaux, le pays de la grève endémique. Arriver sur un aéroport français ou prendre un avion au départ de la France est perçu comme quelque chose d'aléatoire. Pourtant les conflits sont plutôt moins nombreux qu'ailleurs et, quand ils se produisent, ils sont plutôt moins durs et moins longs que dans certains autres pays occidentaux tels les États-Unis ou l'Espagne.

Le paradoxe français tient à quelques caractéristiques des relations sociales dans notre pays :

- les litiges sont nombreux dans certains services publics, comme l'Éducation nationale, ou quelques entreprises publiques comme la SNCF, Air France ou La Poste. Ces conflits sont immédiatement visibles et fortement médiatisés. Quand ils ont lieu dans les transports, ils ont un fort impact sur le public car ils paralysent en partie ou en totalité les déplacements ; en conséquence, ils dépassent alors le cadre des simples escarmouches privées au sein de l'entreprise ;

- les conflits sont souvent magnifiés et associés à un progrès social auquel le patronat s'opposerait obstinément par atavisme de classe. La grève générale a longtemps été mythifiée comme outil de changement de la société. Les congés payés, la semaine de quarante heures, sont attachés aux grèves de 1936 et aux occupations d'usines. Les avancées sociales sont perçues comme étant bien plus le fruit des luttes que des progrès techniques et économiques ou de négociations réussies. Les grèves sont souvent un des événements fondateurs de la communauté salariée au sein de l'entreprise. Il y a le « avant la grève » et le « depuis la grève » ;
- la dramaturgie du conflit social imprègne le jeu social français. On en parle plus qu'on ne le fait, mais on y passe du temps. La menace du conflit est souvent brandie dans les institutions représentatives du personnel. Et une dimension importante de cet antagonisme n'est pas quantifiable. Celle-ci est diffuse et imbibe les relations sociales de certaines entreprises. Tout sujet est facteur d'affrontement verbal, toute initiative est suspecte, tout différend devient prétexte à étalage de rapports de force potentiels – l'accumulation des préavis de grève dans certaines entreprises – et, souvent, enjeu de pouvoir. Les hostilités ne sont pas nécessairement plus nombreuses ou plus tempétueuses qu'ailleurs, mais elles occupent dans les discours des protagonistes sociaux une place prépondérante. La virtualité du combat règle les comportements au point d'enfermer les acteurs dans un jeu auquel ils ne semblent pas pouvoir échapper ;
- l'histoire sociale française est rythmée par des cycles conflictuels récurrents. Depuis le début du XIXe siècle, la France connaît à chaque génération une période de conflit majeur comme si les blocages sociaux persistaient au-delà de l'expérience historique, comme si la société française ne savait pas capitaliser et enrichir son expérience sociale. Les révolutions de 1830, 1848, la Commune de Paris, juin 1936, mai 1968 et, dans une moindre mesure, l'automne de 1995 ou le début de l'année 2006 sont des moments d'ébranlement d'une société rigide qui ne sait s'adapter que par cassure et rupture avec l'existant ;

- le poids des traditions scientistes et technocratiques dans notre pays conduit souvent les dirigeants de l'entreprise à avoir une vision univoque de l'intérêt général. Celui-ci n'est pas construit, n'est pas coproduit par les différents acteurs. Or, par définition, personne dans l'entreprise comme ailleurs, n'accepte durablement de fonctionner dans un cadre imposé ou selon une orientation qu'il ne s'est pas appropriée. Cette impuissance à faire émerger les intérêts réels et souvent divergents alimente une culture partagée du passage en force, une certaine incapacité à traiter du rapprochement d'intérêts antagonistes et beaucoup de circonspection vis-à-vis de l'accommodement ;
- à la tradition technocratique répond la tradition de lutte de classe. Un slogan militant de l'après 1968 proclamait « intérêt général, intérêt du capital ». Une culture de la défiance imprègne encore largement les rapports sociaux dans nos entreprises. Elle conduit à opposer le conflit à la négociation. Pour bien des militants syndicaux, la négociation reste quelque chose de suspect. À la négociation à froid est opposée la négociation à chaud dans le cadre d'un rapport de force. Il arrive encore qu'une section syndicale juge de son efficacité plus dans sa capacité à mobiliser pour la grève qu'à traiter un sujet difficile par la voie de la discussion ;
- si pour les syndicats, le conflit est souvent en soi un succès, la crise sociale, *a contrario*, est peu ou prou perçue comme l'échec de la direction de l'entreprise ou de la direction des ressources humaines. Le conflit est une faute, une anomalie honteuse que l'on cache à ses actionnaires et à ses clients. Cela conduit souvent à surestimer cet antagonisme lorsqu'il éclate au grand jour et à le sous-estimer lorsqu'il est larvé ou rampant. Il s'agit plus de se rassurer que d'envisager le conflit comme une éventualité plausible que toute entreprise doit savoir gérer. La prédominance de l'émotionnel empêche souvent les dirigeants d'appréhender le conflit comme un risque potentiel auquel il convient de se préparer par la formation des responsables, par la mise en place de procédures et de moyens, par la recherche de solutions alternatives.

Pourtant la fiabilité sociale devient un élément primordial de nos systèmes économiques économique. L'organisation en flux tendu suppose des approvisionnements rigoureux et sûrs, des logisticiens et des transporteurs fiables. La fiabilité sociale devient, pour bon nombre de donneurs d'ordres, un critère essentiel lors du choix d'un fournisseur.

Typologie des situations de conflits

L'analyse des conflits sociaux récents permet de proposer une typologie en fonction des motivations qui les sous-tendent.

L'affirmation identitaire

L'affirmation identitaire de catégories professionnelles ou de groupes sociaux qui se sentent menacés représente une première source de conflits. Les entreprises forment rarement une communauté salariée homogène. La division du travail, la différenciation des statuts, l'organisation géographique, amènent à la constitution de groupes qui se caractérisent par :

- l'élaboration de normes qui leur sont propres et auxquelles les individus ont tendance à se conformer ;
- une certaine marginalisation, voir une exclusion des « déviants » ;
- le développement d'une certaine hostilité vis-à-vis de l'environnement externe. L'inimitié vis-à-vis de l'entourage renforce la cohésion interne du groupe et devient dans certains cas son énergie vitale.

Ces clivages sont présents dans toutes les entreprises et les réorganisations mal conduites attisent l'exacerbation des particularismes existants ou nouveaux. Les entreprises organisées selon une logique de cloisonnement des métiers, génèrent naturellement de telles différenciations culturelles ; les contacts entre les différents groupes y sont souvent empreints de tensions quotidiennes s'exprimant essentiellement au travers d'une « logique de l'honneur ». Les changements d'organisation peuvent exacerber ces tensions, modifier les équilibres entre les différentes catégories et constituer autant de facteurs de conflit social parmi des groupes de salariés qui se sentent insuffisamment reconnus. De tels conflits prennent souvent la forme de revendications sur les salaires ou sur les classifications mais sont en fait centrés sur ce que les salariés appellent « la reconnaissance » qu'ils estiment mériter.

Le choc des cultures

Le choc des cultures et des générations résulte souvent d'une reprise de l'embauche après de nombreuses années durant lesquelles les recrutements avaient été plus ou moins interrompus. L'affirmation identitaire peut prendre alors l'allure d'un conflit de générations, d'une incompréhension ou d'un antagonisme entre les jeunes et les vieux.

Par ailleurs, dans bien des entreprises, la succession des réorganisations depuis une quinzaine d'années a bousculé les repères de certains membres de l'encadrement, notamment parmi les aînés. Au moment de la mise en place de nouvelles lignes de produits, ou de groupes autonomes, l'attention a souvent été focalisée sur les opérateurs au détriment de la ligne managériale, qui en vient alors à regretter de n'être pas davantage soutenue dans son action. Il arrive de plus en plus fréquemment que le « désarroi identitaire » de l'encadrement soit indirectement facteur de tensions quand cet encadrement n'est pas lui aussi partie prenante des conflits.

La sauvegarde de l'emploi

Elle se trouve souvent à l'origine des conflits sociaux les plus spectaculaires. En effet, ils recueillent souvent une large sympathie dans l'environnement immédiat de l'entreprise. Ils dépassent alors rapidement le cadre du site concerné pour déborder plus largement sur le bassin d'emploi. Les syndicats font taire ce qui les oppose les uns aux autres et fusionnent en intersyndicales. Ils recherchent le soutien de l'opinion publique, des administrations et des représentants politiques locaux. Ces grèves sont souvent longues et ponctuées par des actions associant la population, active et retraitée, le petit commerce et l'artisanat. Des manifestions rassemblent les salariés de l'entreprise concernée et ceux des entreprises sous-traitantes. Des opérations « ville morte » réunissent syndicalistes, politiques, commerçants et milieu associatif.

Très souvent, le conflit pour l'emploi donne lieu à une occupation des locaux de l'entreprise, qui sera largement commentée par la presse. Il peut susciter des situations critiques telle que la grève de la faim d'un ou plusieurs salariés, la mise en avant de « martyrs », la séquestration de cadres dirigeants, ou encore des actions violentes, parfois anonymes et minoritaires, venant de groupes de salariés persuadés qu'ils n'ont plus rien à perdre.

D'une manière générale, tout changement d'organisation ayant des conséquences sur l'emploi engendre des risques qu'il convient d'anticiper au mieux et qui doivent faire l'objet de plans d'action spécifiques. Le risque majeur est évidemment celui d'une rupture avec le personnel, voire avec l'encadrement, débouchant sur un conflit ouvert et sur une démotivation durable, au-delà du conflit lui-même, de ceux qui se considéreront comme des « survivants ».

La question des rémunérations

Ce problème est, sous toutes ses formes, au cœur de la majorité des conflits. La plupart des motivations qui poussent les salariés à la grève, hormis les conflits ayant pour thème l'emploi, s'expriment sous forme de revendications salariales. En effet, celles-ci sont à la fois simplificatrices et fédératrices. C'est le plus petit dénominateur commun qui permet aux organisations syndicales de fédérer des aspirations disparates.

Durant les Trente glorieuses, les revendications salariales étaient associées à un désir d'amélioration du pouvoir d'achat dans un monde où l'avenir était prévisible et sans nuage, fondé sur une croissance forte et durable. Aujourd'hui, au contraire, elles sont étroitement liées à un désir de reconnaissance individuelle et à l'attente d'un retour rapide de l'engagement personnel au travail dans un contexte où les différences de statuts s'estompent et où les repères catégoriels se dissolvent.

Les réactions catégorielles ou corporatistes

Dans un contexte de changements organisationnels qui viennent remettre en cause les « statuts » traditionnels, ces réactions peuvent être extrêmement vives. Les exemples de grèves corporatistes sont donc nombreux. Qu'il s'agisse des pilotes d'Air France ou des contrôleurs de la SNCF, les logiques corporatistes se construisent à partir des mêmes ingrédients :

- l'édification de situations professionnelles avantageuses, à une époque où la qualification concernée était à la fois incontournable et plus ou moins rare ;
- la recherche du contrôle de modalités d'accès restrictives à la profession, au métier ou à l'entreprise ;
- une réaction d'autisme vis-à-vis du reste de l'entreprise et le refus de prendre en compte les évolutions susceptibles d'avoir un effet sur l'organisation du travail.

Le corporatisme prend un caractère défensif lorsqu'il se manifeste par une opposition au changement afin d'assurer le maintien de situations acquises. Il prend une forme offensive quand il vise à l'optimisation des avantages existants. Les milieux corporatistes produisent souvent des leaders puissants, qui sont garants du conformisme et de l'attachement aux valeurs communes du groupe.

Dans les services publics menacés par un changement de statut, les dysfonctionnements et les malaises internes se traduisent souvent par une perception agressive du monde extérieur. Il s'agit alors de défendre par tous les moyens des conditions d'emploi jugées sécurisantes contre tout risque de « précarisation ». Afin de rallier à eux l'opinion publique, les intéressés mettront bien entendu en avant leur souci de préserver « un service public de qualité ».

Les nouvelles formes de conflits

Jusqu'au début des années quatre-vingt, les conflits du travail étaient pour l'essentiel des grèves de producteurs. Le conflit d'usine trouvait son efficacité quand une majorité de salariés cessait de travailler pour interrompre la production. La grève voulait être la démonstration que la seule force productive réelle était le travail. Les atouts des grévistes étaient essentiellement le nombre, la cohésion et la détermination, c'est-à-dire leur capacité à supporter la perte de rémunération plus longtemps que l'employeur ne supporterait la perte de chiffre d'affaires. D'une certaine façon, la puissance comme la légitimité procédaient du nombre. Le conflit se cantonnait à un affrontement entre l'employeur et les salariés. L'affrontement social avait lieu dans le champ clos de l'entreprise.

Les changements de l'économie et de la société française ont entraîné de profondes transformations dans la manière dont se déroulent les conflits sociaux :

- la notion de rapports de force évolue de la puissance du nombre à l'efficacité du réseau ;
- les nouveaux moyens de communication abolissent les distances et favorisent l'émergence d'une mobilisation qui ne se limite plus aux salariés du site ou de l'entreprise concernés ;
- la médiatisation est l'occasion d'une proclamation des valeurs qu'il s'agit de défendre à l'occasion du conflit (équité, lutte contre la précarité, etc.), ceci en vue de convaincre et de mobiliser l'opinion publique en leur faveur, et donc en faveur des grévistes ;

- ceux-ci s'en prennent ainsi à la réputation de l'entreprise afin de la contraindre à céder à leurs exigences en vue d'éviter les conséquences commerciales qui résulteraient d'une altération de son image ;
- le thème des conflits a cessé de se limiter aux conditions d'emploi (salaires, emploi, durée du travail, conditions de travail, etc.) pour aborder des champs nouveaux : conditions de *sourcing*, respect des prescriptions élémentaires dans les entreprises sous-traitantes ;
- plus qu'auparavant, le conflit social est un moment de libération de la parole, de recherche de convivialité, parfois de fête, en vue d'apaiser les multiples tensions qui naissent de l'incertitude et du stress du travail quotidien.

Autrefois, les grèves de producteurs se limitaient essentiellement à la cessation du travail. Le « débrayage » ou les « grèves sur le tas » avaient pour objectif de paralyser la production, donc l'entreprise, par l'inaction. Les grévistes se rassemblaient afin de se compter. La proximité physique, l'effet de masse, la visibilité du nombre étaient essentiels pour conforter la détermination. Direction et syndicats menaient une bataille psychologique intense sur les effectifs et les pourcentages de grévistes. Tout ceci tend à laisser place à de nouvelles formes d'action militante, dans le sillage, bien souvent, de nouveaux mouvements d'inspiration radicale, et notamment du « mouvement altermondialiste ».

Ces nouvelles formes d'action militante, qui agissent largement en dehors du syndicalisme traditionnel, sont peu perceptibles tant qu'elles ne sont pas entrées en action. Elles sont souvent le fait de petites minorités, l'action coordonnée de quelques-uns pouvant suffire à paralyser un système de communication interne. Dans certaines circonstances, des sites Internet se créent en vue de rassembler virtuellement des personnes mécontentes pour des raisons identiques. L'irruption des nouvelles technologies renforce ainsi la position de petits groupes qui peuvent rapidement acquérir de l'influence et tisser des alliances au gré des opportunités. Les initiateurs du mouvement feront largement appel à des militants extérieurs, qui seront susceptibles de les aider à élargir leur mouvement ou à le faire « sortir » dans les médias. Cette intervention des médias est devenue aujourd'hui l'un des éléments essentiels de la conduite d'une lutte sociale. C'est désormais dans la presse, par l'accueil qu'il suscite dans les médias, que se joue l'issue du conflit.

Prévention des tensions et détection des irritants

« Mieux vaut prévenir que guérir. » Il est symptomatique de constater que les managers qui ont dû vivre un conflit social admettent souvent après coup qu'il aurait pu être évité. C'est, disent-ils, que l'on n'avait pas accordé une attention suffisante à de petits faits dont le caractère significatif apparaît clairement *a posteriori*. D'où l'importance de la veille sociale.

Celle-ci ne saurait être déléguée, par exemple à la DRH. Elle doit être le fait de tous les managers. Et les dirigeants doivent accorder la plus grande attention aux informations que leur rapportent les managers de proximité. Des canaux propices à une telle écoute doivent donc être prévus. C'est l'éloignement des centres de décision qui contribue souvent à expliquer les conflits qui auraient pu être évités.

Le développement des tensions sociales n'est pas fortuit ; il s'explique souvent par une accumulation des « irritants ». On s'appuiera ainsi, dans ce qui suit, sur l'approche développée par Hubert Landier, Bernard Merck et Pierre-Éric Sutter sous l'appellation de « Modèle d'analyse du risque social » (Modèle M@RS).

Se garder des idées fausses

Le manager tend spontanément à se laisser enfermer dans les certitudes qui l'animent, à s'abriter derrière les principes d'action qui le guident, tels qu'ils résultent de sa formation et de son expérience (ou de son défaut d'expérience), et à se concentrer sur la problématique correspondant aux objectifs qu'il s'est fixés ou qui lui ont été assignés. Naturellement, il en vient à considérer que ce qui importe pour lui va de soi pour ses collaborateurs, que ce qui à ses yeux paraît rationnel doit l'être aussi pour les autres, et qu'il ne saurait y avoir pour eux d'autre sujet de préoccupation que ceux qui l'animent, ou d'autre point de vue que celui qu'il estime être pertinent.

Il s'agit là, bien entendu, d'une grossière erreur, qui le conduit à ignorer la façon dont son comportement sera interprété par d'autres et à négliger ce qui importe à leurs yeux. Ce qu'alors il ne voit pas, c'est que des décisions qui lui paraissent rationnelles peuvent sembler totalement irrationnelles, voire absurdes, pour les salariés auxquelles elles s'imposent, que ce qui peut sembler négligeable à ses yeux peut être au contraire de la plus haute importance pour eux, que ce qui peut lui paraître acceptable peut être selon eux totalement inadmissible, et ceci pour des raisons qui lui échappent.

Étant ainsi enfermé dans ses certitudes, le manager va alors en venir à interpréter de façon erronée les réactions du corps social que constitue l'entreprise :

- *« Tout va bien. »* L'absence de réactions de mécontentement peut être considérée comme le signe de ce que les salariés se montrent satisfaits de leur situation. Pourtant, ce peut être le calme qui précède la tempête. Si en effet les motifs personnels de mécontentement ne s'expriment pas, ce n'est pas pour autant qu'ils n'existent pas, simplement, chacun les garde pour soi jusqu'au jour où « la goutte d'eau qui fait déborder le vase » provoque une réaction collective de « ras-le-bol » ;
- *« Leur comportement est irrationnel. »* Il l'est peut-être aux yeux des dirigeants, mais il ne l'est pas nécessairement aux yeux de ceux qui expriment leur exaspération. Ce qui importe à leurs yeux n'est pas nécessairement ce qui semble important aux dirigeants ; des problèmes d'apparence négligeable pour ceux-ci peuvent revêtir une importance décisive aux yeux de ceux dont ils polluent quotidiennement l'existence ; des actes d'apparence

anodine en viennent alors à revêtir une forte charge symbolique ou se heurter à des objections inattendues ;

- *« C'est la faute aux meneurs. »* Les représentants du personnel, dès lors qu'ils s'opposent à la direction, font souvent l'objet d'appréciations très négatives. Ils seraient ignorants des réalités économiques, vindicatifs, et leur comportement, parfois violent, s'expliquerait par de viles motivations : haine, jalousie, désir de revanche ou besoin de se mettre en avant ; or, de telles accusations, faut-il le préciser, n'ont souvent qu'un lointain rapport avec les mobiles qui les animent.

Il s'agit donc là d'autant d'interprétations qui, venant du manager, représentent une sorte d'autisme face aux réactions du corps social ; l'aptitude à anticiper les tensions et à prévenir les conflits exige ainsi un développement de la « veille sociale » et, en premier lieu, de la capacité à comprendre que l'autre ne se comporte pas nécessairement comme on le ferait soi-même. Il ne se fonde pas sur les mêmes éléments d'information, ne se laisse pas guider selon les mêmes principes, n'a pas les mêmes intérêts. Il en résulte que des faits identiques n'ont pas pour lui la même signification que celle qu'on leur accorderait soi-même.

Détecter la montée des tensions

Il est impossible de dresser une liste exhaustive des indicateurs à surveiller (« les clignotants sociaux »). Ceux-ci sont spécifiques à chaque entreprise, au type d'activité, aux normes existantes et à chaque catégorie professionnelle. La batterie d'indicateurs à suivre sera toujours définie avec pertinence sur un périmètre homogène, par un groupe de travail composé de membres de l'encadrement ayant une bonne connaissance de l'entreprise, du service ou de l'atelier, mais les caractéristiques à suivre porteront en général sur les grands thèmes suivants :

- la nature et la fréquence des événements atypiques (larcins, dégradations, rixes, etc.) ;

- l'état des relations entre les salariés et l'encadrement (confrontations, évitements, etc.) ;
- les attitudes quotidiennes des salariés (convivialité, agressivité) ;
- le comportement des salariés dans la gestion du temps (absentéisme, typologie de l'absentéisme selon la fréquence et la durée, ponctualité, respect des temps de pause, application stricte des horaires pour les cadres, etc.) ;
- le comportement des salariés dans l'application des règles et des consignes (jeu sur les règles, zèle et laisser-aller, etc.) ;
- le comportement des salariés au travail (disponibilité, productivité, propreté, caractéristiques des incidents et pannes, défauts, loupés, relations avec la clientèle, participation aux réunions d'équipe, réactivité aux aléas, etc.) ;
- les relations entre les salariés eux-mêmes (coopération, pressions, mise à l'écart, constitution de clans, etc.) ;
- l'état des relations interservices (reproches réciproques, facilité ou difficulté de coopération, etc.) ;
- les relations entre les délégués et les salariés (micro-réunions, sollicitations renouvelées, tonalité, contenu et mode de distribution des tracts, affichage ostensible des tracts syndicaux, contenu et quantité des réclamations des délégués du personnel, participation des salariés aux réunions d'information, signature des pétitions, etc.).

La plupart de ces indications sont relativement subjectives. Certaines de ces observations quotidiennes pourront être formalisées en indicateurs quantifiés, mais chacune, prise séparément, n'a de sens que confrontée aux autres dans le cadre d'une analyse globale. Il faut donc faire attention à l'exploitation strictement statistique des informations collectées. Une épidémie de grippe générera une hausse ponctuelle de l'absentéisme sans être révélatrice d'un conflit latent. Des inquiétudes sur l'emploi auront tendance à renforcer le *présentéisme* sans pour cela améliorer le climat social. Des données statistiques globalisées pourront gommer les disparités révélatrices de poches de mécontentement susceptibles d'être à l'origine d'un développement des tensions. Les singularités sont parfois annonciatrices d'évolutions que la statistique n'a pas encore appréhendées.

Un tableau de bord ne sera réellement utile que s'il est éclairé par l'analyse. Parmi les multiples signaux, quels sont ceux qui sont porteurs de significations utiles ? Quelles sont les causes profondes de l'augmentation de l'absentéisme (la composition de la population salariée, le contexte local, la montée des tensions) ? Que signifie l'accroissement des passages à l'infirmerie dans une usine de production ? Est-ce la conséquence du nouvel horaire de travail, de l'évolution climatique saisonnière ou du climat social ? Dans la multitude des revendications et réclamations déposées par les représentants du personnel, quelles sont celles qui sont importantes aux yeux des salariés ? Les délégués ne quantifient pas, ils transforment souvent des demandes particulières en aspirations générales.

L'analyse doit permettre d'interpréter les symptômes et de déceler les causes profondes des tensions et de construire les plans d'actions nécessaires.

Développement des tensions et multiplication des irritants

Les dirigeants d'entreprise, lorsqu'ils se trouvent confrontés à un conflit social, se laissent fréquemment surprendre, cèdent à la panique et en viennent à imputer leurs déboires à une détestable intention de nuire, venant de certains de leurs interlocuteurs syndicaux. Cette réaction en forme d'accusation ne fait que dissimuler, en fait, leur ignorance des causes du conflit et la carence de toute veille sociale. Or, ce conflit se présente le plus souvent comme le résultat de carences de management. S'il y a eu conflit, c'est le plus souvent qu'on a négligé de multiples micromotifs de mécontentement, mal évalué ce que seraient les réactions des salariés à une décision ayant des effets sur leur avenir professionnel, laissé se propager des rumeurs sans fondement, voire même absurdes, ou laissé s'installer une ambiance peu propice à des relations de confiance tout au long de la chaîne hiérarchique.

La prévention des conflits commence ainsi par un effort d'écoute et de compréhension des réactions des salariés face aux décisions de la direction et aux conséquences qui en résultent pour eux. Faute de quoi, l'entreprise risque de se heurter à des manifestations collectives de colère qu'elle aurait parfaitement pu éviter. Cette vigilance est d'autant plus indispensable que le calme peut être trompeur ; l'absence de réactions collectives ne signifie pas pour autant que les salariés interprètent correctement les faits et gestes de la direction, ni qu'ils en soient satisfaits. Un certain nombre d'indices, comme on l'a vu plus haut, peuvent alors servir de signaux avertisseurs, par exemple :

- une montée de l'absentéisme de courte durée ;
- une vague de démission et de demandes de mutations ;
- une progression des incidents : malfaçons, négligences, allant parfois jusqu'à des cas de sabotage délibéré ;
- une tendance à la transgression des consignes ;
- un manque de coopération entre des personnes ou entre des services appelés à travailler ensemble…

Ces indices sont le signe que « quelque chose ne va pas », mais ils ne disent pas ce qui ne va pas et pourquoi. Il faudra, pour le savoir, aller plus loin dans l'analyse. Parfois les causes peuvent sembler aller de soi. Le changement de statut d'EDF-GDF, par exemple, aura suscité de larges mouvements d'opposition à une décision politique perçue comme « idéologique » et considérée par beaucoup comme étant contraire aux intérêts de l'entreprise, de ses agents, voire des clients eux-mêmes. Derrière cette cause évidente, toutefois, il convient de bien considérer que cette opposition aura également exprimé des craintes fondées sur ce que perçoit le personnel de l'évolution de ses conditions d'emploi au cours de ces dernières années ; la « privatisation » aura ainsi été interprétée comme l'aboutissement d'une évolution, déjà en cours, et qui est perçue négativement, notamment par les anciens.

Parfois au contraire les causes de tension peuvent sembler difficiles à comprendre. Le conflit éclate alors que la direction ne s'y attendait pas et pour des raisons qui peuvent lui sembler futiles. Mais c'est que cette cause immédiate dissimule une accumulation de mécontentements et de frustrations qui n'attendaient que cette occasion pour s'exprimer. L'événement qui a directement provoqué le conflit n'aura eu cet effet que parce qu'il intervenait dans un contexte propice à l'explosion de colère. Ce qui s'exprime alors collectivement, c'est une accumulation de griefs souvent très personnels. Et c'est la nature des irritants ainsi accumulés qu'il s'agit alors de prendre en considération afin d'y mettre fin et d'éviter que l'explosion ne se reproduise. Reste à savoir en quoi ils consistent.

Par « irritants », on entendra dans ce qui suit certaines conditions concrètes de son travail qui sont pour la personne autant de causes de désagrément ou de frustration. Il s'agira par exemple de l'absence d'informations sur les possibilités d'évolution, ou encore, de salaires « au mérite » distribués d'une façon jugée inéquitable, ou encore d'une demande d'amélioration jugée importante mais laissée sans réponse.

Théoriquement, de tels irritants ne devraient pas exister : les possibilités d'évolution professionnelle devraient être connues, les salaires au mérite faire l'objet de décisions rationnelles fondées sur des critères objectifs admis comme tels et les demandes d'amélioration faire l'objet d'une réponse rapide, qu'elle soit positive ou négative. Et pourtant, bien souvent, ce n'est pas le cas. Or cela, la direction ne le sait pas toujours, de sorte qu'elle prend alors ses désirs pour des réalités ; les choses, sur le terrain, se passent autrement que ce qu'elle imagine. L'idéal serait que l'encadrement intermédiaire soit en mesure d'éviter l'accumulation d'irritants ou d'y mettre fin, mais, bien souvent, tel n'est pas le cas, soit qu'il n'en ait pas perçu l'existence, soit qu'il n'ait pas les moyens d'y mettre fin, soit qu'il n'en ait pas le temps, étant jugé sur d'autres priorités, soit qu'il considère que tel n'est pas son rôle. Seule une enquête, réalisée d'une façon indépendante par un intervenant extérieur à l'entreprise, permettra alors de révéler l'existence des irritants.

Les mêmes causes produisant les mêmes effets, l'expérience atteste que les mouvements de grève, quelles qu'en soient les circonstances particulières, se fondent le plus souvent sur une accumulation d'irritants qui, d'une entreprise à l'autre, sont souvent les mêmes. On trouvera ci-dessous une liste d'une trentaine de ces irritants, que l'on peut considérer comme étant les plus fréquents, au moins dans le contexte d'entreprises, françaises et étrangères, implantées en France. Cette liste montre que la plupart des conflits sociaux peuvent être considérés comme étant le produit d'erreurs de management, parfois au plus haut niveau, ou de déficiences dans la mise en œuvre des orientations ou des méthodes de management définies par la direction générale. Celles-ci relèvent notamment :

- d'erreurs d'appréciation quant à la façon dont seront interprétées des décisions adoptées loin des conditions concrètes de leur application ;
- d'illusions quant aux réactions du personnel ;
- de déficiences, par rapport à ce qui en est attendu, dans le comportement de l'encadrement intermédiaire et de proximité.

Principales sources de dysfonctionnement internes génératrices de tensions (Référentiel M@RS)

Comportement perçu de la direction

1. Éloignement des centres de décisions.
2. Absence de reconnaissance pour le travail accompli.
3. Incapacité à présenter un projet mobilisateur.
4. Manque de cohérence visible de l'équipe de direction.
5. Absence d'une visibilité suffisante de la politique poursuivie.

Comportement perçu de l'encadrement

6. Définition insuffisante des rôles respectifs du n +1 et du n +2.
7. Présence insuffisante sur le terrain.
8. Manque de respect pour le personnel.
9. Comportement autoritariste ou incapacité à animer et à réguler l'équipe.
10. Incapacité à faire progresser les personnes.
11. Existence d'ordres et de contre-ordres.
12. Absence d'informations claires et complètes.
13. Absence de réponse aux questions et aux suggestions d'amélioration.
14. Défaillances dans le traitement des symboles.

Composition sociologique de l'établissement et représentation du personnel

15. Querelles entre anciens et nouveaux.
16. Existence de groupes sociaux fortement typés du point de vue ethnique, sociologique ou professionnel.
17. Existence d'une représentation du personnel peu structurée et peu représentative.
18. Existence d'une surenchère entre organisations syndicales concurrentes.
19. Existence d'une tradition de confrontation sociale.

Mise en œuvre perçue des méthodes de management

20. Informations générales insuffisantes.
21. Incompréhension des modes de fonctionnement de l'entreprise et des exigences qu'ils impliquent.
22. Négligences dans l'accueil des nouveaux embauchés.
23. Absence d'entretiens périodiques sérieusement faits.
24. Mesures salariales individuelles différenciées mais non justifiées de façon claire.
25. Possibilités d'évolution insuffisantes ou répondant à des règles insuffisamment claires entraînant un sentiment d'injustice ou d'iniquité.

Perception de l'avenir et des rapports de l'entreprise à son environnement

26. Inquiétude en ce qui concerne la pérennité de l'établissement ou de l'emploi.
27. Incertitude en ce qui concerne les intentions de la direction.
28. Évolution défavorable des métiers pratiqués.
29. Crainte de déclassement par insuffisance des compétences requises.
30. Relations difficiles avec les usagers ou les clients.
31. Évolution insuffisamment comprise des modes de fonctionnement entre l'entreprise et ses partenaires.
32. Changement imposé sans explications suffisantes du cadre institutionnel.

Le coût financier d'une multiplication des irritants

Il convient, éventuellement en procédant à une enquête qui sera menée par un cabinet extérieur[1], d'établir quels sont les facteurs qui contribuent à expliquer une dégradation grave du climat social dans l'entreprise considérée. Ce repérage ayant été effectué, il est possible d'en déduire les conséquences prévisibles en se fondant sur le scénario du pire. Il est par exemple possible de prévoir :

- le départ à la concurrence des meilleurs experts de l'entreprise ;
- une diminution significative du rythme de travail et de l'efficacité collective de ceux qui resteront ;

1. SRM Consulting, qui a mis au point la méthode M@RS à laquelle est emprunté le référentiel présenté un peu plus haut, procède régulièrement à ce type d'analyse à partir de questionnaires susceptibles d'être remplis *via* Internet et dont les résultats, après traitement, aboutissent à une véritable cartographie du risque social.

- une montée en puissance de la tendance syndicale la plus radicale au détriment des représentants du personnel plus modérés ;
- un ou plusieurs débrayages de démonstration susceptibles de déboucher sur des mouvements de grève plus longs ;
- une information dans la presse susceptible d'entraîner des conséquences négatives sur l'image de l'entreprise.

À partir de là, la direction doit se poser au moins deux questions :

- quel sera le coût, immédiat et à terme, direct et indirect, de la réalisation, totale ou partielle, d'un tel scénario ? Il peut arriver, par exemple, que l'entreprise soit conduite à éviter un conflit social qui aurait des conséquences gravissimes en ce qui concerne ses relations avec ses clients ;
- quelles actions mener afin de faire disparaître les irritants et de réduire le risque social correspondant ? De telles actions, en effet, représentent parfois un coût qui demande à être mis en regard de l'avantage que l'on espère en tirer. Un programme de formation de l'encadrement, par exemple, représente un choix d'investissement dont l'entreprise attend une plus grande efficacité collective.

De tels choix, cependant, se heurtent à des difficultés dont il convient de ne pas mésestimer l'importance :

- le risque social se révèle difficile à quantifier, qu'il s'agisse de la probabilité pour qu'intervienne un sinistre ou du coût qu'il est susceptible de représenter pour l'entreprise. Dans l'évaluation de ce coût, il faut en effet tenir compte des coûts directs (pertes d'exploitation, dégradation éventuelle de marchandises ou de matériel, frais de justice) et des coûts indirects (perte de clients, dégradation de l'image de l'entreprise). Il en résulte que la rentabilité de l'investissement représenté par une action préventive est difficile à justifier et qu'il risque de passer après des actions dont le retour sur investissement paraît plus simple à évaluer. L'évaluation du coût d'un « sinistre social » et de la probabilité pour qu'il survienne, toutefois, est possible à condition de faire appel aux techniques assurantielles ;

- la prise en compte du risque social par l'entreprise est largement fonction de l'importance respectivement accordée aux différentes fonctions. Dans la distribution, par exemple, l'importance primordiale accordée à la fonction commerciale a souvent pour effet de conduire l'encadrement opérationnel à négliger la dimension sociale de la vie de l'entreprise. De même, les entreprises dominées par une politique fondée sur la recherche de la rentabilité financière à court terme, peuvent être conduites à prendre des décisions dont les conséquences, en termes de risque social, sont insuffisamment prises en considération. C'est l'importance de la fonction RH, par rapport notamment à la fonction commerciale et à la fonction financière, qui est donc ici en cause.

La nécessité d'un traitement des irritants

L'entreprise ayant procédé au repérage des principaux irritants susceptibles de compromettre la qualité de son climat social et, jugeant préjudiciable la dégradation de celui-ci, ayant décidé d'y remédier, il lui reste à passer à l'action. Le plan qu'elle devra mettre en œuvre passera le plus souvent par la combinaison de différents moyens.

En premier lieu, il s'agira de remédier aux défaillances en matière de management. Entretiens d'évaluation pas faits ou bâclés, augmentations individuelles de salaires réparties sans explication, absence d'information sur les possibilités d'évolution, etc., constituent autant d'irritants qui nécessiteront, soit une mise en œuvre plus rigoureuse de la politique sociale telle qu'elle a été définie par la DRH, soit la formalisation de méthodes de management jusqu'alors laissées à la discrétion de l'encadrement intermédiaire. Il conviendra ainsi de prendre garde à deux tendances naturelles :

- la formation, sans que la direction y prenne garde, d'un double décalage entre les principes définis au sommet, la façon dont ils sont effectivement mis en œuvre sur le terrain et la façon dont chacun les perçoit ;

- la priorité accordée par l'encadrement intermédiaire à la réalisation de ses objectifs opérationnels au détriment des principes de management formulés par la DRH.

Un plan d'action visant à éliminer les irritants passe ainsi le plus souvent, au-delà des méthodes de management proprement dites, par une sensibilisation de toute la chaîne hiérarchique à l'importance d'un climat social « positif », à la contribution qu'il représente pour la réussite de l'entreprise et au comportement qu'il requiert, venant de l'ensemble de l'encadrement. Il s'agira notamment de contrer la tendance, venant de certains managers, à vouloir se décharger de ses responsabilités humaines sur la fonction RH, voire à critiquer celle-ci au point de refuser de mettre en œuvre ses directives et ses recommandations. Un programme bien conçu pourra notamment aborder :

- les enjeux d'une amélioration du climat social ;
- le rôle des différents acteurs au sein de l'entreprise, et notamment celui de l'encadrement et des représentants du personnel ;
- les principes fondamentaux du droit du travail ;
- le comportement concret à adopter dans les situations courantes de la vie de travail et dans la mise en œuvre de ses principes de management ;
- la détection des tensions sociales et l'action à mener en vue de combattre la formation des irritants.

L'amélioration du climat social passe également par une amélioration de la qualité des relations avec les représentants du personnel. La multiplication des sources de tension va souvent de pair avec une dégradation des rapports sociaux et les représentants du personnel sont vite perçus comme étant à l'origine des difficultés auxquelles se heurte l'entreprise dans ses relations avec les salariés. Une telle mise en accusation s'accompagne de jugements de valeur qui ne correspondent pas toujours avec la réalité. En outre, la dégradation des rapports sociaux est souvent le résultat cumulé de pratiques inadéquates venant de l'encadrement à l'égard des représentants du personnel, ou du moins de certains d'entre eux. L'entreprise devra donc s'efforcer de promouvoir :

- un comportement « intelligent », venant de l'encadrement, à l'égard des représentants du personnel ;
- des pratiques visant à limiter les abus, qu'ils viennent de l'encadrement à l'égard des représentants du personnel, ou de ces derniers, dans leur façon de s'acquitter de leur mandat ;
- une politique de relations sociales visant à promouvoir un comportement « intelligent », venant des représentants du personnel, et valorisant la fonction qu'ils occupent de telle sorte qu'elle suscite des vocations de qualité.

Les différentes phases du conflit

Le schéma ci-dessous représente la dynamique de développement d'un conflit social, dès lors que celui-ci n'a pas pu être évité ou que la direction a jugé préférable de laisser s'exprimer ainsi un différend dont l'existence était connue et polluait durablement les relations de travail. Quelle que soit leur diversité, les conflits se caractérisent par une succession de phases qui sont le plus souvent aisément identifiables :

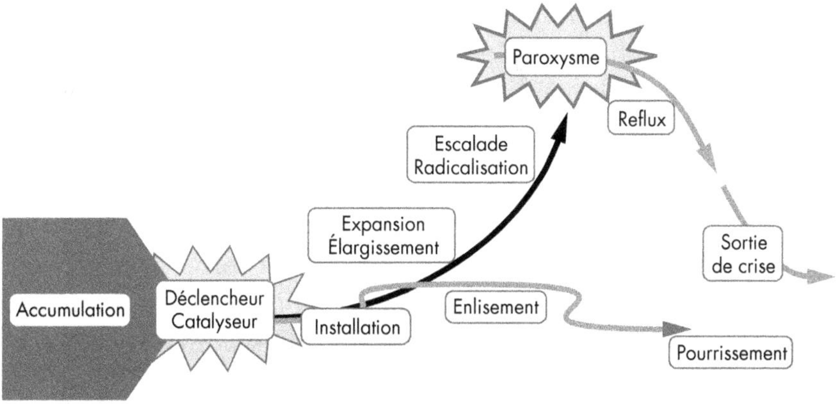

- la phase d'accumulation des tensions, durant laquelle les éléments profonds du conflit se mettent en place ;
- le déclenchement proprement dit à partir d'un événement inopiné ou d'une revendication particulière qui ont pour effet de catalyser les énergies et de les polariser vers un objectif commun ou contre un bouc émissaire ;
- la phase d'installation du conflit, assez courte, durant laquelle les hésitations sont surmontées, les plus déterminés prenant le leadership ;
- la phase de développement, qui se traduit par un élargissement du conflit, géographique ou catégoriel, ou au contraire par son enlisement ;
- la radicalisation du conflit sous forme d'actions violentes, illicites ou inhabituelles qui, en fonction de la façon dont elle sera gérée, débouche ou non sur une sortie de crise ;
- le reflux et la sortie de conflit sous diverses formes (négociation de fin de conflit, reprise unilatérale du travail, pourrissement, etc.) ;
- la période post-conflit.

La phase d'accumulation des tensions

La phase d'accumulation des tensions ou de détérioration du climat social, mène d'une situation normale à une situation de « quasi-conflit ». Cette phase est plus ou moins longue. Elle est cependant inexistante quand le conflit surgit à la suite d'un événement ou une décision inopinée.

Cette phase est souvent initiée par la rupture d'un l'équilibre préexistant. Les changements de personnes, la transformation de l'environnement entraînant de nouvelles contraintes, la sortie d'une période économique difficile, les modifications de l'organisation, constituent autant de ruptures qui peuvent engendrer un syndrome conflictuel. Des comportements, des faits, des irritants que l'on jugeait jusque-là anodins ou que l'on supportait en silence, prennent alors aux yeux des salariés une nouvelle signification. Inquiétude, spéculation et faits réels s'entremêlent pour tisser un écheveau qui finit par rendre insupportable la continuation de la situation existante.

La vigilance est alors primordiale. Il s'agit souvent de donner du sens à une multitude de signaux faibles et épars, mais qui, réunis, permettent une interprétation plausible des évolutions en cours, et la mise en place d'une politique appropriée de prévention du conflit. La maîtrise de proximité perçoit souvent très bien cette montée des tensions. Des relations quotidiennes plus tendues, une moindre réactivité des salariés face aux aléas du travail, une augmentation significative du nombre des retards, la multiplication des demandes de changement de poste, le refus larvé des heures supplémentaires, la prolongation inhabituelle des pauses, le développement d'une agressivité contenue, des comportements désabusés, autant de signes qui ne trompent pas sur la détérioration du climat social.

Le déclenchement du conflit

Un conflit peut être réactif ou proactif. Dans le conflit spontané, les frustrations, les insatisfactions individuelles s'accumulent. Cette accumulation génère des tensions entre les salariés, entre les salariés et la maîtrise, entre le personnel de différents services. Les incidents se multiplient. Un déclencheur vient polariser l'ensemble de ces tensions dans une direction commune et le conflit collectif survient. Le déclencheur peut être un événement fortuit mais jugé insupportable, tel qu'une « réflexion » ou une sanction, une injustice, une information faisant office de révélateur. La polarisation se fait sur une demande emblématique ou un bouc émissaire.

Le conflit programmé survient, quant à lui, dans les collectifs très structurés, qui occupent souvent une position privilégiée dans l'entreprise et qui pour cette raison ont un pouvoir de blocage important. Le déclencheur est, selon les cas, inopiné (un prétexte) ou prévisible, et dans ce dernier cas la grève prend l'allure d'un rituel obligé.

Le déclenchement d'un conflit social

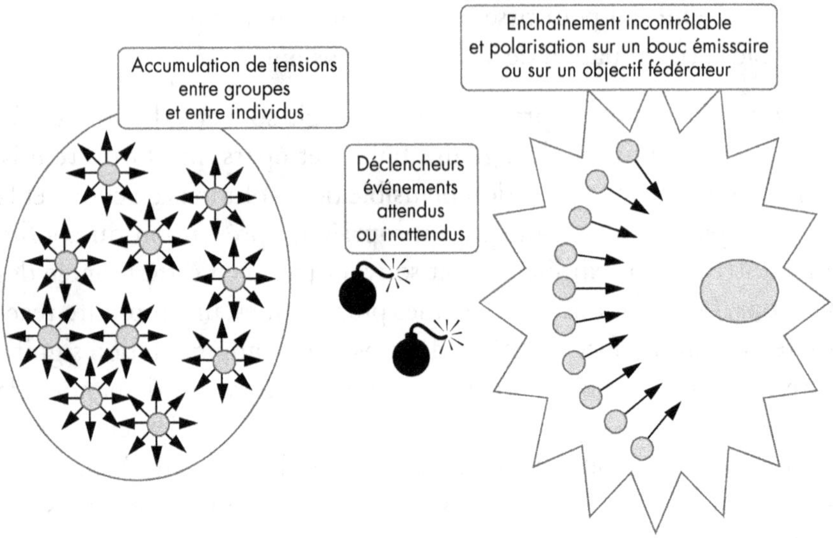

Certaines périodes sont, plus que d'autres, propices au déclenchement des conflits sociaux. Citons par exemple :

- *les périodes de changement*, les conflits venant souvent de catégories de salariés qui bénéficient de dispositions particulières et dont la situation n'a pas toujours été bien perçue et intégrée dans les mesures générales qui affectent l'ensemble de l'entreprise. Tout changement modifie les rapports entre les individus et les équilibres entre les groupes sociaux et constitue donc un puissant générateur de tensions ;
- *les retournements de conjoncture* qui sont évidemment des moments propices au conflit dans la mesure où tombent les contraintes (réelles ou ressenties) qui inhibaient l'expression ouverte des récriminations ;
- *l'accumulation de dysfonctionnements* intervenant dans une période de forte croissance, ou consécutive à un reflux mal géré, qui sont facteurs de stress, de fatigue psychique, d'irritation, qui peuvent

conduire à un développement rapide des tensions et au fameux « ras-le-bol » qui marque le démarrage d'un conflit ;

- *l'accumulation de contraintes économiques ou industrielles* qui entraînent des difficultés à respecter le cadre conventionnel ou coutumier existant, et qui sont perçues comme autant de remises en cause des droits acquis, propices à la maturation et au développement d'un conflit.

La phase d'installation du conflit

La phase d'installation du conflit est souvent assez brève. Durant cette courte période, le conflit est encore instable. Une fraction plus ou moins importante des grévistes n'est pas encore décidée à poursuivre une action de plus longue durée. Les revendications sont souvent multiples et hétérogènes, un événement particulier venant de fédérer les réclamations éparses. Une intervention judicieuse et diligente peut encore contenir le conflit dans l'œuf :

- soit en traitant le problème immédiatement :
  - en supprimant la ou les causes du déclenchement du conflit,
  - en précisant la cause du mécontentement et en prenant les mesures qui permettront de la traiter,
  - en expliquant la situation par la concertation et la discussion,
  - en apaisant les esprits en s'engageant à étudier le problème et à y remédier dans un esprit de concertation ;
- soit en tentant de contenir le développement du conflit par la persuasion :
  - en dépassionnant et en renvoyant les problèmes aux instances de représentation concernées,
  - en minimisant les faits et en mettant en avant d'autres objectifs plus importants et fédérateurs,
  - ou, au contraire, en dramatisant les choses afin de déstabiliser les esprits les plus échauffés (cette manœuvre pouvant toutefois être perçue comme une tentative de manipulation).

Si la résorption du conflit dans les premières heures n'aboutit pas, celui-ci risque de s'installer dans la durée. Il convient alors d'être très attentif aux indices susceptibles de donner des indications sur la tournure prise par les événements : assemblée générale, intervention des délégués syndicaux, etc.

La phase de développement du conflit

Pour les syndicalistes se pose la question de l'animation de la grève. En effet, dans une logique de rapport de forces, la cohésion des grévistes est essentielle. Cette cohésion s'obtient, soit de manière autoritaire, compte tenu du charisme du ou des leaders, soit d'une manière plus participative, dans le cadre d'assemblées générales. La dynamique du conflit repose essentiellement sur le désir d'atteindre des buts communs dans le cadre d'une action collective, action collective qui est déjà en soi une source de satisfaction. L'art du leader réside ainsi dans sa capacité à :

- fédérer les énergies autour de quelques objectifs communs en magnifiant le rôle des grévistes, les ralliements, les manifestations de solidarité ;
- valoriser les concessions, réelles ou supposées de la direction, en discréditant les faiblesses observées chez l'adversaire, en stigmatisant ses initiatives et en cherchant à démontrer leur inefficacité ;
- développer une agressivité nuancée en direction des forces réputées hostiles au mouvement (encadrement, non-grévistes, personnalités du comité de direction, directeur, syndicaliste non engagé, etc.) ;
- créer une ambiance, un climat convivial et festif, qui renforcera les liens et favorisera le rapprochement entre les personnes ;
- simplifier les conditions à réunir pour obtenir un succès, de façon à crédibiliser le mouvement engagé et à endiguer toute interrogation parmi les grévistes sur la marche à suivre.

Les facteurs de développement du conflit dépendent ainsi de l'espoir d'un gain facile à obtenir, de la cohésion interne du mouvement, de l'ampleur des soutiens externes tant de la part de l'opinion publique, que des médias et des institutions. Les difficultés rencontrées par la direction et les concessions que cela peut entraîner renforcent également la dynamique conflictuelle.

Dans cette phase, il est toujours difficile de négocier, alors même que les leaders réclament l'ouverture de négociations. Les protagonistes campent sur leur position. Chacun exige de l'autre des concessions majeures tout en demeurant fermé à la perception de la logique qui l'anime. Les grévistes identifient alors la négociation à une satisfaction totale des revendications et ne sont pas prêts à faire les concessions nécessaires à la recherche d'un compromis. De son côté, la direction se concentre sur la recherche de solutions alternatives qui lui permettront de desserrer l'étau du conflit. À ce moment-là, lutte psychologique et bataille de la communication dominent.

Une première rupture dans le rythme de développement du conflit intervient lorsque les salariés grévistes s'interrogent sur l'efficacité de l'action engagée. Cette interrogation peut intervenir sous l'effet :

- de l'écoulement du temps et de la prise de conscience de la perte de rémunération entraînée ;
- d'initiatives prises par la direction de l'entreprise, qui ont pour résultat de modifier les conséquences de la grève ;
- d'une maturation des esprits lors de contacts formels ou informels entre grévistes, direction et encadrement.

Des interrogations génératrices de dissensions peuvent alors apparaître et le souci de cohésion des grévistes autour d'une tactique efficace peut se traduire :

- par la recherche d'un élargissement du conflit à d'autres catégories professionnelles ou d'autres sites, quitte à infléchir le contenu revendicatif de leur action ;

- par un durcissement du conflit dans le contenu revendicatif et dans la nature du mouvement, qui débouchera alors sur une escalade.

Sinon, le conflit peut alors s'enliser et s'orienter vers un étiolement progressif.

La radicalisation ou l'escalade

L'escalade qui va mener au paroxysme du conflit survient lorsque les grévistes perdent confiance dans l'efficacité des formes d'action qu'ils ont menées jusqu'alors, sentent la lassitude s'emparer d'une partie d'entre eux, ou lorsqu'ils cherchent à réagir à des initiatives de la direction qui entament les moyens de pression dont ils disposent. Elle peut être parfois le fait de la direction de l'entreprise en vue de déloger les grévistes d'une position de force. Dans ce cas, elle est souvent mal comprise par l'opinion publique interne et externe à l'entreprise.

Le but de l'escalade est d'écourter le conflit en forçant la décision par une action unilatérale d'une autre nature. Elle peut prendre diverses formes :

- une action ciblée sur un point stratégique telle que l'occupation du centre informatique, des accès de l'entreprise en vue de faire obstacle à la circulation des moyens de transports, d'un magasin central afin de retenir des matériels indispensables, etc. ;
- la séquestration de cadres dirigeants pour tenter d'obtenir une décision sous l'influence d'une pression physique ;
- une pression accentuée sur une partie du personnel pour élargir l'impact du conflit. C'est le rôle des piquets de grève qui peuvent se contenter de se rassembler aux heures d'entrée du personnel, mais également mettre en place de véritables barrages en vue de rendre difficile, voire impossible, l'accès au travail des non-grévistes ;

- une action spectaculaire à l'extérieur de l'entreprise, telle que le barrage d'une route ou d'une voie ferrée, ou encore la neutralisation d'un péage d'autoroute. Le but est souvent ici d'en appeler à la solidarité de l'opinion publique et de pousser à l'intervention d'un tiers médiateur en externalisant le conflit ;
- des « actions commandos » contre des cibles symboliques en vue de marquer les esprits et de tenter d'amorcer le cycle « provocation – répression – solidarité ». Il arrive quelquefois que ce type d'action, sous l'effet de l'exaspération d'une situation de conflit qui s'éternise et ne débouche pas, prenne un tour plus violent, notamment par la destruction de matériel ou le saccage de locaux plus ou moins emblématiques ;
- enfin, l'escalade peut prendre la forme d'une violence sur soi-même au travers d'actions telles qu'une grève de la faim ou l'enchaînement de militants sur un lieu symbolique. Ici la logique conflictuelle s'imbrique à une sorte de désespoir.

Les manières d'agir face à ce type de situations ne sont pas aisées. Elles doivent être suffisamment promptes pour ne pas donner la prime à l'escalade et suffisamment mûries pour ne pas entraîner le conflit dans une spirale incontrôlable. La réaction à une épreuve de force peut suivre un crescendo qui dépend de l'attitude des protagonistes et qui doit associer des démarches de communication, la mise en place de solutions de contournement et l'utilisation de la voie juridique. Très schématiquement, il est possible de combiner les actions suivantes :

- s'exprimer solennellement et mettre les grévistes et les leaders devant leurs responsabilités en leur signifiant les conséquences potentielles de leur action ;
- prendre acte des débordements et rassembler ostensiblement et méticuleusement des preuves (témoignages, constats d'huissier, etc.) ;

- prendre à témoin l'opinion et à chercher à susciter une fissure, à l'intérieur du camp des grévistes, entre la minorité agissante et la majorité spectatrice ;
- mobiliser l'encadrement et le personnel non-gréviste afin d'exercer une contre pression ;
- conditionner l'ouverture ou la poursuite des négociations à un retour à des conditions normales et légales de déroulement d'un conflit ;
- mettre en place des solutions de rechange qui dévaloriseront l'action engagée (ouvrir un autre accès en cas de barrage aux portes, sous-traiter des fabrications, etc.). Ces solutions de rechange ne s'improvisent pas et devront avoir été méticuleusement préparées ;
- transposer le conflit sur le terrain juridique en engageant une action en référé et éventuellement recourir à des mesures disciplinaires.

Il convient en outre d'être attentif aux réactions des clients et des fournisseurs dont le comportement pourrait devenir imprévisible, contraignant, voire s'orienter vers une hostilité indifférenciée aux différents protagonistes du conflit.

Le paroxysme dans un conflit précipite souvent les événements car il n'est pas supportable longtemps par les différentes parties. Le reflux intervient en général dans les moments qui suivent son dénouement. L'objet du conflit se trouve souvent déplacé vers des enjeux qui sont issus de cette épreuve de forces : demande d'annulation de sanction, retrait d'une procédure juridique, etc. C'est parfois une occasion pour engager une négociation réaliste. Il peut arriver également que le cours des événements débouche sur l'intervention d'un médiateur. Cette dernière est souvent souhaitée par la partie la plus faible qui y voit un allié potentiel ou, à défaut, le garant d'une issue équilibrée.

Le reflux et la sortie de conflit

Le reflux d'une crise sociale intervient :

- lorsque l'une des parties (sinon les deux) prend conscience que l'affrontement n'est pas productif et n'apporte aucun avantage déterminant ;
- lorsqu'un des protagonistes s'effondre par épuisement de son énergie en raison de pertes importantes qu'il a accumulées, ou par défaillance psychologique due à la fatigue ou la lassitude ;
- lorsqu'un camp se sent isolé, qu'il a le sentiment d'avoir perdu ses soutiens ou d'avoir été lâché par ses alliés ou d'être discrédité dans l'opinion publique ;
- lorsque l'une des parties prend conscience du coût excessif de la poursuite du conflit au regard des objectifs qui l'avaient initié.

Des signes sont souvent révélateurs du retournement de la dynamique conflictuelle. Par exemple :

- la réunion des grévistes dans un endroit inhabituel et clos ;
- le glissement revendicatif vers le paiement des heures de grève ;
- la démobilisation au piquet de grève ;
- la réduction des activistes à une fraction minoritaire, compte tenu du retrait de la majorité ;
- la multiplication des retours individuels au travail ;
- l'alternance rapide d'ultimatums et de concessions de la part des leaders, etc.

Dans la phase de reflux, le risque majeur est d'être confronté à des logiques de fuite en avant qui peuvent déboucher sur des incidents graves, sur un rebondissement du conflit ou sur une sortie de conflit longue et pénible qui laissera ensuite des séquelles importantes à l'issue des événements. La fuite en avant peut être provoquée par l'enfermement des grévistes dans une situation d'où ils ne perçoivent plus d'issue possible, par le sentiment d'avoir beaucoup investi dans le conflit et de « ne plus rien avoir à perdre » ou tout simplement par la crainte de l'humiliation. Que la fin de conflit fasse ou non l'objet d'une négociation, il est toujours de l'intérêt bien compris de l'entreprise de laisser des portes de sortie à ses interlocuteurs et de ne pas spéculer sur des dimensions qui mettraient en jeu leur fierté et leur dignité.

En cas de pluralisme syndical dans la conduite de la grève et si dans la phase de développement les organisations syndicales savent généralement taire leurs différends, sa phase finale est toujours propice au retour de la compétition. Les tentations maximalistes apparaissent avec l'espoir d'une redistribution des influences respectives. *A contrario*, dans une fin de conflit difficile, il est toujours tentant de mettre en cause la responsabilité d'un ou deux leaders. Dans une assemblée générale où les opinions sont partagées, les positions des uns et des autres sont difficiles à tenir. Il arrive alors qu'un scrutin soit organisé. Ceci peut être le signe d'une incapacité des leaders à maintenir ou à restaurer un consensus majoritaire, ou au contraire d'une volonté de terminer le conflit sans en assumer ostensiblement la responsabilité. Dès l'instant où un nombre significatif de salariés s'exprime pour la reprise du travail, même si la majorité n'est pas acquise, la fin de la grève n'est plus très loin.

C'est évidemment dans la phase de reflux que les conditions sont réunies pour une négociation favorable. La pression du temps, qui est alors décisive, joue dans un sens propice à la recherche et à l'acceptation d'un compromis. Si le conflit est passé par des phases difficiles, il faudra rétablir le dialogue au travers de reprises de contact qui peuvent être rugueuses dans un premier temps. L'art du négociateur sera alors de dépasser les conflits de personnes et les incompréhensions qui n'ont pas manqué de se développer dans les phases précédentes, de se dégager de la problématique revendicative et de relativiser les points de vue des uns et des autres afin de proposer des éléments de solution ou une méthodologie pour traiter les problèmes qui se révèlent être à la source de la discorde.

À chaque fin de conflit, la demande du paiement des heures de grève est pratiquement systématique, soit que les grévistes, estimant avoir obtenu satisfaction, entendent imputer à la direction la responsabilité de la grève, soit au contraire qu'ils mettent en avant une perte de rémunération disproportionnée au regard de ce qu'ils ont pu obtenir. Dans bien des entreprises, l'indemnisation des heures perdues pour cause de grève, en totalité ou en partie, a été un des meilleurs leviers pour susciter des conflits à répétition. Le non-paiement des heures reste une question de principe sur laquelle il n'est jamais bon de transiger même si l'on pressent qu'il s'agit du dernier obstacle à la reprise du travail. Il est toujours possible, en effet, de trouver un compromis en étalant en deux ou trois fois les pertes subies, en suggérant des récupérations en fonction de la charge de travail ou en inventant toute formule qui permettra de trouver une issue dans le respect des principes.

La période post-conflit

L'enjeu de la période qui suit immédiatement un conflit est d'éviter le retour des hostilités. Les conditions suivantes s'imposent d'elles-mêmes :

- la grève ne doit pas s'instaurer comme le mode habituel et efficace de traitement des problèmes et des dysfonctionnements ;
- les problèmes de fond qui sont sous-jacents aux tensions doivent faire l'objet d'un traitement approfondi, et il convient de proposer des solutions même si elles ne sont pas parfaites ;
- les engagements unilatéraux ou les accords négociés qui ont permis de sortir du conflit doivent être strictement respectés, condition indispensable pour rétablir la confiance réciproque ;
- le dialogue social doit être rétabli avec au moins une partie des militants syndicaux afin d'éviter que ne se développe un climat de guerre de tranchées. À l'issue d'une sortie de conflit difficile, les syndicalistes seront préoccupés par la reconquête de leur crédibilité. Ils pourront être tentés de mener une guérilla au sein

des institutions représentatives du personnel, en engorgeant par exemple le CHSCT de questions multiples, ou en portant devant l'inspecteur du travail toute anomalie constatée.

Un conflit mal terminé suscite de l'acrimonie et un désir de revanche. Les tensions entre grévistes et non-grévistes peuvent parfois subsister très longtemps. Les manifestations d'amertume peuvent se traduire par une baisse de la productivité, parfois même des déprédations. Les graffitis, parfois des pamphlets anonymes, témoignent de l'état d'esprit des salariés, de leur rancœur contre les syndicalistes qui les ont menés trop loin ou pas assez loin. Le rôle de l'encadrement et du management de proximité est fondamental pour atténuer les tensions et réduire les passions. Celui-ci doit trouver, de la part des dirigeants, un appui concret et quotidien pour reconstruire un climat social serein et positif.

Enfin, le conflit lui-même doit faire l'objet d'une analyse fine. La cellule de gestion de crise doit passer au crible son action, la façon dont a été gérée la situation et réagir aux situations délicates en s'aidant du regard d'observateurs judicieux.

La conduite à tenir en cas de conflit

De même que l'on se prépare à un incendie en espérant bien qu'il ne se produira pas, un conflit social demande à être anticipé. Il convient ainsi de prévoir une « cellule de crise », dont la mission sera de gérer un éventuel conflit, et un « plan de crise », dans lequel auront été rassemblées un certain nombre de données dont on aura besoin durant le conflit. Elles permettront alors de faire gagner un temps précieux et de réserver son énergie au traitement de l'essentiel, et notamment aux actions de communication interne et externe. Bien entendu, il est essentiel de ne pas perdre de vue le cadre juridique dans lequel, du moins théoriquement, s'inscrit un mouvement de grève.

Notions juridiques succinctes concernant la grève

L'objet de cet ouvrage n'est pas de traiter du conflit social sous l'aspect juridique. La jurisprudence est volumineuse et évolutive. En situation de crise, l'équipe qui la gère devra prendre appui impérativement sur le service juridique de l'entreprise ou sur les conseils de juristes confirmés.

Il semble utile néanmoins de rappeler les éléments suivants :

- la grève est un droit constitutionnel, mais il existe des formes illicites telles que la grève perlée ou la grève politique. La jurisprudence est nuancée et chaque cas constitue un cas d'espèce :
- les trois critères constitutifs de la grève sont la cessation totale d'activité, le caractère collectif de l'action et la licéité des revendications mises en avant. La grève d'un seul individu n'est légale qu'en cas d'appel national par une organisation syndicale ;
- l'utilisation du droit de grève trouve pour limite le respect de la liberté de travailler et ne doit pas être utilisée abusivement (occupation des lieux de travail, piquets de grève, séquestration et violence, etc.). L'engagement d'une procédure de référé pour les faire cesser suppose une préparation méticuleuse du dossier avec un spécialiste. Les actes illicites doivent être dûment constatés et prouvés. Les responsables susceptibles d'être confrontés à une séquestration doivent être dépossédés, en la circonstance, de leur pouvoir de s'engager au nom de l'entreprise ;
- durant la grève, le contrat de travail est suspendu avec les conséquences qui en découlent en matière d'assurance-maladie, d'accident ou d'indemnisation des congés payés. En matière de rémunération, le principe consiste en une retenue sur salaire en stricte proportion de la période de grève ;
- l'employeur demeure responsable de la discipline et de la sécurité des biens et des personnes. Il peut prendre les décisions et les sanctions qui s'imposent en cas de faute lourde. Si les locaux sont

occupés, l'employeur est affranchi de sa responsabilité, mais il sera toujours utile d'examiner la situation avec les assureurs de l'entreprise et de procéder aux constats d'huissier nécessaires ;

- le recours, pour remplacer des grévistes, à du personnel en contrat à durée déterminé ou à des intérimaires est interdit. Toutefois, il reste possible de réorganiser la production en employant le personnel non gréviste, auquel le chef d'entreprise est tenu de fournir du travail, ou de sous-traiter certaines activités ;
- les mandats des représentants du personnel, et leurs divers attributs, subsistent durant un conflit du travail.

La préparation à une situation de conflit

Dans certaines activités spécifiques, les entreprises se préparent au conflit social en anticipant aussi précisément que possible les actions, les procédures à mettre en œuvre en situation de crise ainsi que le rôle spécifique que devront jouer les personnes concernées. Pourtant, bien des entreprises subissent le conflit et improvisent alors qu'elles se trouvent en situation d'urgence.

Les dispositions à prendre en vue d'un conflit potentiel comprennent essentiellement les points suivants :

- une identification exhaustive des membres pressentis de la cellule de crise qui devra être mise en place et des moyens de contact des personnes concernées (adresses, téléphones, fax et e-mail) ;
- une liste complète du matériel nécessaire à la gestion d'une situation de conflit (moyens de communication, fournitures, etc.) ;
- les coordonnées des compagnies d'assurances, huissiers, avocats, etc. ;
- un état des dispositions à prendre afin de :
  - protéger les documents, les locaux, etc.,
  - circuler dans l'entreprise,

  - protéger spécifiquement certains matériels,
  - assurer le maintien des fonctions vitales de l'entreprise (solutions de rechange, fonctionnement en mode dégradé, stockage externe, etc.) ;
- la check-list précise des procédures à mettre en œuvre en cas de déclenchement de conflit, notamment :
  - le fonctionnement de la cellule de crise,
  - les informations prioritaires à communiquer à l'encadrement et à la direction à laquelle rapporte l'établissement concerné,
  - la constitution des argumentaires,
  - les premières modalités d'information de l'encadrement,
  - les premières modalités d'information du personnel,
  - les mises en sécurité d'urgence à effectuer,
  - la gestion des relations avec les grévistes et les non-grévistes,
  - l'organisation de la sécurité et de la confidentialité.

La cellule de gestion de crise

Dès l'instant où un conflit prend une certaine dimension, il est indispensable de mettre en place une cellule de gestion de crise. Cette cellule, composée d'un nombre restreint de personnes, comprend le comité de direction, ou une partie du comité de direction de l'établissement ou de l'entreprise. Il est souvent utile qu'un ou deux membres du comité de direction se mettent délibérément en retrait pour assurer la prise de recul nécessaire à une compréhension de l'évolution du conflit et pour éventuellement réintégrer le jeu au moment opportun.

Dans le cas d'un groupe multi-établissement, elle doit être connectée en permanence à un point central (direction générale, direction régionale…) dès l'instant où le conflit s'installe dans la durée. Elle doit également disposer, si le conflit reste limité à un site, de correspondants dans les autres établissements du groupe. Cependant, si le conflit dépasse le cadre de l'établissement, la conduite de la crise sera assurée à un autre échelon. Les premières heures d'un conflit appartiennent à la direction du site concerné. Dès l'instant ou le conflit s'installe, le relais central est indispensable.

Dans certains groupes de grande dimension, enfin, il peut être utile de disposer d'une équipe mobile de spécialistes, réactifs et aguerris aux situations conflictuelles, qui pourront intervenir dès l'instant où un point de tension se cristallise et évolue vers une crise ouverte. Il s'agira, le plus souvent, du directeur des relations sociales et des juristes en droit social qui travaillent avec lui. On notera toutefois qu'un conflit obéit à une logique situationnelle qui ne doit pas être réduite à des prescriptions juridiques.

Les modes de fonctionnement de la cellule de gestion de crise ainsi que les moyens dont elle pourra disposer doivent être prévus. Il faut évidemment disposer d'un local et d'une solution de repli au cas où celui-ci ne serait plus utilisable. L'ensemble des moyens matériels et des informations nécessaires pour communiquer en toutes circonstances doivent être disponibles (micro-ordinateur, moyens de reproduction, fichier d'adresses, etc.). Elle doit disposer de systèmes d'information autonomes et non vulnérables. La cellule doit être à même de fonctionner, en effet, en cas d'occupation des locaux. Des solutions de rechange doivent être élaborées pour faire face à ce type de situation et pour continuer à assurer les missions qui lui reviennent.

Le partage des tâches, la répartition des missions et délégations doivent être également anticipées ainsi que la gestion du temps. En cas de conflit d'importance, la cellule doit être en état de fonctionner en permanence, c'est-à-dire vingt-quatre heures sur vingt-quatre. Dans de telles conditions, la gestion de l'intendance, du stress et du sommeil est essentielle. Il convient de gérer attentivement les repos que chacun devra prendre : attention à la fatigue de fin de conflit qui entame la réactivité et la capacité d'analyse et d'action au moment le plus crucial !

Les missions de la cellule de crise

Une cellule de gestion de crise est un organe de décision et d'action. Ses missions sont les suivantes :

- élaborer la stratégie et adopter les choix tactiques ;
- organiser la remontée de l'information ;
- piloter la négociation ;
- organiser la communication avec les grévistes et l'ensemble du personnel ;
- gérer la relation avec les médias ;
- mobiliser l'encadrement ;
- gérer les relations avec les services de l'État et les autorités locales, les clients et les fournisseurs, la direction générale et les autres sites.

Au début d'un conflit, les problèmes sont nombreux et mal maîtrisés, compte tenu à la fois de l'urgence et de la désorganisation des canaux habituels de communication. La cellule doit répartir les tâches et planifier autant que faire se peut le déroulement de son travail sans hypothéquer pour autant sa capacité de réaction. Son rôle consiste à :

- élaborer en premier lieu la stratégie et déterminer la tactique à suivre pour conduire le conflit. Celles-ci doivent être réfléchies et concertées de façon à préserver la cohésion de l'équipe, indispensable dans les périodes les plus tendues et lorsqu'il y a matière à hésitation sur la conduite à adopter. Si des initiatives individuelles peuvent se révéler parfois opportunes, il arrive aussi souvent qu'elles soient désastreuses ;
- définir la conduite à tenir. Celle-ci doit reposer sur une observation rigoureuse de l'évolution du conflit. Les faits et informations doivent être collectés, analysés et quantifiés. Les conséquences du conflit sur le fonctionnement de l'entreprise et sur celui de ses différents partenaires doivent être évaluées au mieux ;

- constituer et mandater l'équipe de négociation. Il est souhaitable que celle-ci reste stable durant la totalité du déroulement du conflit de façon à en maîtriser les développements. Elle doit faire appel, si cela est nécessaire, aux compétences techniques et juridiques indispensables. Il pourra être utile, à un moment donné, de changer le niveau de la négociation ou de suggérer l'intervention d'une personnalité qui, par son charisme ou son autorité, permettra de dénouer une situation bloquée ;

- organiser la communication interne et externe. Le maintien du lien avec les grévistes reste fondamental comme la relation avec les non-grévistes. Dès l'instant ou un conflit s'installe, les notes d'information régulières, les courriers de mise au point, doivent apporter aux uns et aux autres une information factuelle, rédigée dans une tonalité simple et mesurée. La dramatisation excessive, la polémique, les menaces ouvertes ou voilées, ont souvent l'effet inverse de celui qui est attendu. En pratique, les contacts les plus fréquents ont lieu avec les représentants du personnel et avec l'aile marchante des grévistes. La communication, toutefois, ne doit pas se limiter à cette simple interaction, elle doit viser l'ensemble des salariés en grève dans leur diversité. Enfin, la communication avec les grévistes ne doit pas reléguer au second plan l'information nécessaire en direction du personnel ne participant pas à l'arrêt de travail. Dès l'instant où un conflit prend une certaine dimension, les relations avec la presse deviennent aujourd'hui un élément déterminant dans l'évolution d'une crise sociale. La médiatisation s'intègre à la dynamique conflictuelle et en constitue parfois l'un des moteurs. Le refus de s'exprimer sera le plus souvent interprété de façon défavorable. Toutefois, dialoguer avec les journalistes ou donner une brève interview à une chaîne de télévision ne s'improvise pas ; cela nécessite de la préparation et éventuellement de l'entraînement. Il est très souhaitable qu'une seule personne assume cette responsabilité tout au long de la crise et que le choix du correspondant habilité à s'exprimer devant la presse au nom de l'entreprise ait été fait avant même le déclenchement du conflit ;

- mobiliser l'encadrement occupe une place centrale dans la gestion d'une crise sociale. Les cadres et les agents de maîtrise ne se rangent plus nécessairement du côté de la direction comme cela allait de soi autrefois. Il arrive même qu'une sympathie plus ou moins agissante les pousse du côté des salariés en grève. Nous verrons plus loin quelles sont les principales tâches de l'encadrement dans ce type de situation. Il convient de passer beaucoup de temps à informer, réunir et écouter l'encadrement. Cette mobilisation peut s'avérer difficile, voire délicate. Elle ne doit jamais être abandonnée, au risque d'une polarisation de l'affrontement entre la direction et les organisations syndicales agissantes ;
- il appartient également à la cellule de gestion de crise de gérer un ensemble de relations avec des partenaires internes et externes :
  - la relation avec la direction générale, ou la direction du groupe, dans le cadre d'une société multisites doit être confiante et permanente. Des synthèses régulières permettent de renforcer l'appréciation que chacun peut avoir de l'évolution de la situation. Rien n'est pire que lorsque la méfiance commence à s'installer entre les différents niveaux de décision, ou entre le siège et les responsables qui se trouvent « en première ligne »,
  - l'interdépendance accrue entre les entreprises et le fonctionnement en flux tendus impliquent de porter une attention particulière aux clients et aux fournisseurs, dont la pression s'accroît en proportion de la durée du conflit. Ceux-ci sont demandeurs d'une information précise et fiable qui engage la crédibilité de l'entreprise en difficulté. Dans certaines branches industrielles, la pression du client se traduit en pénalités et en points de démérite. Dans un contexte souvent marqué par la circulation d'informations erronées et déstabilisantes, le maintien de bonnes relations doit constituer un objectif majeur,

  - enfin il est toujours souhaitable d'anticiper les contacts avec les différentes administrations déconcentrées de l'État, avec les collectivités locales et territoriales et avec les services de la préfecture. Les conséquences éventuelles du conflit sur le territoire pourront en effet susciter leur intervention ;

- décider, en cas d'événements graves ou d'initiatives illégales, d'engager une action judiciaire, de guider sur le terrain l'intervention des huissiers et de construire les dossiers avec les avocats. Cette action doit être entreprise en liaison avec les instances dirigeantes de l'entreprise et avec ses services juridiques ;

- enfin, veiller à la constitution des dossiers sur le déroulement des événements (tracts, affiches, photos, constats, enregistrements, témoignages, etc.). La tenue d'un journal de conflit consignant au jour le jour les faits, les interventions, les prises de position et les comportements des uns et des autres sera toujours d'une grande utilité pour tirer ultérieurement un bilan du conflit.

Le rôle de l'encadrement

Aujourd'hui, les membres de l'encadrement se comportent rarement comme de « bons soldats » qui appliqueraient les directives de la cellule de crise sans se poser de questions. Dans bien des conflits, l'encadrement adopte une attitude plus ou moins nuancée qui peut aller jusqu'à une bienveillance affichée ou même une participation directe aux côtés des grévistes. Un désengagement de la hiérarchie, un refus plus ou moins affirmé de porter les objectifs d'un changement, une communication *a minima* sur la vie de l'entreprise, des tensions perceptibles entre les différents responsables, autant de situations qui favorisent le développement d'une dynamique conflictuelle ou qui empêchent de l'endiguer quand il en serait encore temps. Une gestion préventive des conflits efficace passe obligatoirement par une mobilisation de la ligne hiérarchique.

Cette mobilisation ne va pas de soi. Il importe que la maîtrise de premier niveau puisse conserver un contact normal et régulier avec les grévistes. C'est elle, en effet, qui devra gérer, après la reprise du travail, les séquelles du conflit et c'est elle également qui facilitera le retour à un climat social convenable. Dès l'instant où un conflit prend tournure, l'encadrement doit donc autant que possible être présent et « occuper le terrain ». Il doit procéder à une évaluation de la situation, à un rapide décompte du nombre de personnes engagées dans l'action et assurer un premier contact avec les grévistes afin de mesurer les chances d'un règlement rapide. Si le conflit semble vouloir s'installer, il devra se préoccuper de la mise en sécurité des installations, de la protection des locaux et des divers documents de travail, de la réorganisation de l'activité avec le personnel non gréviste et du maintien du conflit dans un cadre légal, dans la limite de ses responsabilités.

Durant la grève, l'encadrement devra s'efforcer de ne pas s'engager dans une logique de « camp retranché ». Le maintien d'une relation de dialogue avec le personnel gréviste facilite toujours la sortie de conflit. Ce contact permet en effet l'échange d'informations, l'éclaircissement d'incompréhensions ou une explication des mesures qui sont prises par la direction. L'encadrement est alors en mesure de remonter, auprès de la cellule de crise ou de la direction, une information factuelle sur l'évolution du mouvement et sur l'état d'esprit des salariés. Il aide à la compréhension des facteurs qui ont engendré la situation.

La communication avec l'extérieur

Dans une localité, un conflit peut constituer un événement important, qui mobilisera la presse et fera l'objet de nombreux commentaires, venant du voisinage. Or, l'issue du conflit ne dépend pas seulement de la façon dont vont se nouer les rapports entre les interlocuteurs concernés à l'intérieur de l'entreprise, il se joue également à travers la façon dont chacun d'entre eux va se montrer capable de mobiliser en sa faveur les autorités et l'opinion. Pour une direction, laisser aux grévistes le monopole de la parole, c'est assurément se laisser mettre en état d'accusation.

D'où la nécessité, avant le conflit, quand rien ne l'exige expressément, d'engager de bonnes relations avec les autorités et avec les journalistes. Le maire (généralement soucieux de l'emploi), l'inspecteur du travail (soucieux d'obtenir un retour au calme quelles qu'en soient les conditions économiques), voire le préfet (lui-même soucieux d'éviter les vagues), comprendront d'autant mieux les difficultés qui peuvent surgir qu'ils auront eu, préalablement, l'occasion d'être tenus informés par les dirigeants de la politique menée par l'entreprise et des contraintes auxquelles elle est soumise. Ces relations sont d'autant plus importantes que les autorités publiques, qu'on le veuille ou non, peuvent être amenées à intervenir activement dans le déroulement du conflit : soutien apporté par la mairie aux grévistes, tentative de conciliation venant de l'inspecteur du travail, recours à la force publique appelant une décision du préfet en cas de violence, etc.

Il en va de même des relations avec la presse. Rien n'est plus dangereux que d'afficher une attitude méprisante à l'égard des journalistes (« ils disent n'importe quoi »). Il ne faut pas attendre non plus de leur part qu'ils se contentent de se faire l'écho du message que la direction souhaiterait faire passer. De là quelques règles simples :

- faciliter le travail des journalistes en mettant à leur disposition des faits présentés d'une façon qui soit claire (une note de synthèse peut être la bienvenue), en tenant compte de leurs contraintes de temps (heure du bouclage) qu'ils doivent impérativement respecter (rien n'est plus irritant, pour un journaliste, que les délais de réponse excessifs que leur imposent certaines entreprises) ;
- être clair sur les règles du jeu, et notamment sur les informations confiées *on the record* (qui peuvent être citées) et celles qui le sont *off* (qui sont destinées à éclairer le journaliste, mais qui ne doivent pas être citées). La confiance que l'on peut accorder au journaliste est donc de la plus haute importance et c'est pourquoi il

faut s'efforcer de nouer avec lui des relations régulières. Toutefois, il n'acceptera pas de se soumettre à une censure de la part de qui que ce soit ;

- avoir toujours en tête le fait que le journaliste doit produire une information susceptible de retenir l'attention de ses lecteurs. Il importe donc de se mettre à sa place en évitant les argumentations excessivement techniques et en essayant d'aller directement à ce qui peut les intéresser. Une attitude arrogante peut être également hautement préjudiciable ;

- durant la crise elle-même, il importe d'éviter les déclarations contradictoires ou l'expression de points de vue qui seraient incohérents entre eux, ce que la partie adverse ne manquerait pas d'exploiter. L'entreprise devra donc désigner un porte-parole, qui devra se tenir en permanence à la disposition des journalistes et, si nécessaire, prévoir des « points presse » réguliers afin de leur faire part de l'évolution de la situation. Avec les autres interlocuteurs extérieurs à l'entreprise, les contacts devront être assurés par les différents responsables en fonction de leurs relations, de leurs compétences et de leurs affinités. On respectera seulement une règle essentielle : « Occuper au maximum le terrain » afin d'éviter que ce ne soit la partie adverse qui le fasse, de façon à se faire comprendre et éviter les réactions négatives ou les initiatives intempestives.

Les actions à mener après la reprise du travail

Un conflit constitue une épreuve éprouvante et fatigante. C'est vrai pour la direction et l'encadrement, comme pour les non-grévistes et les grévistes eux-mêmes. Il se sera traduit en effet par des émotions fortes, mettant en lumière des enjeux personnels parfois importants, et par un surcroît de travail imprévu. En outre, des mots désagréables auront peut-être été échangés, dans le feu de l'action, entre les uns et les autres. La première chose à faire est donc de se reposer et de décompresser. Mais ce n'est pas tout. Une multitude de tâches attendent en effet l'équipe de direction. Il lui faudra en effet, outre « le travail à rattraper » :

- assurer la reprise du travail dans les meilleures conditions possibles, sachant que grévistes et non-grévistes devront de nouveau coopérer alors que, quelque temps auparavant, ils ne se trouvaient pas dans le même camp. L'encadrement de proximité devra faire preuve de doigté et éviter que certains aient le sentiment d'avoir été les perdants. Il conviendra donc de polariser les uns et les autres sur des objectifs de progrès propres à ressouder la cohésion des équipes ;
- procéder à un débriefing des événements en vue de mettre tous les membres de l'équipe de direction à égalité d'information, de procéder à un diagnostic en commun et de faire une évaluation de « ce qui a marché et ce qui n'a pas marché ». Là encore, il s'agit de restaurer une cohésion parfois durement compromise dans le feu de l'action. Ce débriefing peut éventuellement être animé par un consultant extérieur, qui apportera un regard distancié et aidera ainsi à comprendre les ressorts de la situation telle qu'elle a été vécue ;
- analyser les irritants qui, au-delà de l'« événement déclencheur » ou des revendications mises en avant, contribuent à expliquer le déclenchement du conflit. Les mêmes causes étant susceptibles de provoquer les mêmes effets, il convient donc d'y remédier à la fois par des mesures immédiates qui seront connues de tous et manifesteront ainsi la bonne volonté de la direction, et par un plan d'action à moyen terme, susceptible de remédier aux dysfonctionnements les plus graves. Dans le cas où la nature des irritants qui contribuent à expliquer le conflit n'est pas connue, il peut être opportun de faire procéder à un audit de climat social, par exemple en recourant au modèle M@RS mis au point par SRM Consulting et auquel est emprunté le référentiel de 32 irritants présenté plus haut.

Chapitre 5

La négociation sociale

Le conflit, quoi qu'il y paraisse, est exceptionnel. La négociation, elle, est de tous les jours. Dans l'entreprise comme dans tous les autres aspects de la vie en société, elle est quotidienne et quasiment naturelle. Il s'agit le plus souvent d'une négociation informelle, de personne à personne. On se met d'accord sur une solution, ou sur un compromis, qui convient à l'un et à l'autre.

S'agissant en revanche des relations collectives de travail, la négociation s'inscrit dans un cadre légal qui sera présenté un peu plus loin. La négociation vient alors préciser ou compléter les dispositions légales et réglementaires qui, de toute façon, s'imposent aux parties en présence. Selon son importance, elle va alors se dérouler à différents niveaux :

- le niveau national interprofessionnel pour les dispositions qui s'appliqueront à l'ensemble des salariés autres que les salariés de l'État. Par exemple, les dispositions relatives à la formation permanente ;
- le niveau de la branche d'activité, que ce soit au niveau national, régional ou local, où se négocient les dispositions de la conven-

tion collective applicable aux entreprises et aux salariés d'une branche d'activité donnée ;

- le niveau de l'entreprise, où se superposent parfois un accord-cadre négocié au niveau du groupe et des accords spécifiques à chacune de ses filiales, et quelquefois même, de ses établissements.

La négociation, traditionnellement, se jouait au niveau national interprofessionnel et à celui des branches. Elle s'est progressivement déplacée au niveau de l'entreprise. L'État lui-même a encouragé ce mouvement, notamment par l'institution, en 1982, de la NAO, la négociation annuelle obligatoire. C'est de ces négociations au niveau de l'entreprise qu'il sera question dans le présent chapitre.

En effet, on ne négocie pas dans les entreprises comme on négocie au niveau institutionnel. Dans l'entreprise, les acteurs sont soumis à une contingence économique forte. Par ailleurs, les équipes syndicales sont constituées pour l'essentiel de militants de terrain qui sont plus ou moins représentatifs, plus ou moins expérimentés et qui se sentent plus ou moins redevables devant leurs électeurs. Au niveau des branches comme au niveau interprofessionnel, au contraire, les négociateurs, tant patronaux que syndicaux, sont souvent des professionnels de la négociation, qui savent s'entourer d'experts et qui assurent dans la plupart des cas une maîtrise technique satisfaisante de leur dossier, ce qui n'est pas toujours le cas au niveau de l'entreprise.

Les raisons qui sont à l'origine du développement actuel de la négociation au niveau de l'entreprise sont nombreuses. Même dans un contexte fortement conflictuel, la raison majeure qui pousse à maintenir une relation d'échange au travers de la négociation reste le fait que chaque partie à besoin de l'autre pour continuer à subsister. Mais on ne négocie pas uniquement pour tenter de sortir d'une situation conflictuelle. On est amené à négocier également :

- pour aménager la vie quotidienne des salariés, organiser le travail, fixer des objectifs, traiter des problèmes locaux. Dans ces micronégociations, les représentants du personnel n'interviennent pas systématiquement. Elles prennent la forme de négociations individuelles et informelles, mais elles peuvent, au fil du temps, constituer une jurisprudence locale ;

- pour formaliser les pratiques jusqu'alors admises, mettre fin à des dérives locales et à des abus, modifier des habitudes afin de revenir à une situation jugée plus normale. C'est ce que les organisations syndicales appellent souvent la remise en cause des acquis. Les négociations de ce type ne sont pas faciles ;
- pour mettre à jour les éléments constitutifs du contrat de travail, des accords d'entreprises ou des conventions collectives. Ce sont des négociations de routine, qui s'appuient souvent sur des indicateurs objectifs, mais qui peuvent parfois devenir conflictuelles. La négociation annuelle obligatoire, la NAO, a parfois pris l'allure d'un rite cérémoniel depuis que les lois Auroux ont institué une obligation de négocier en 1982 ;
- pour accompagner une situation de changement. Ces changements peuvent aller de la fermeture d'une usine à l'introduction d'une nouvelle organisation du travail susceptible d'avoir des effets sur les qualifications et sur l'emploi. La négociation prend alors une dimension psychologique forte dans la mesure où tout changement induit de l'inquiétude et touche au sentiment sécuritaire. Aujourd'hui, dans bien des circonstances, négocier, c'est tenter de « coproduire », de produire en commun du changement.

Les vicissitudes de la négociation sociale en France

Le contrat de travail de naguère consistait à échanger la mise à disposition de la force de travail contre une rémunération et ses avantages annexes ; la manière dont la force de travail était utilisée ne regardait que l'employeur. Les représentants du personnel se contentaient de négocier la durée du travail, l'heure d'entrée et l'heure de sortie, et marchandaient le montant de la rémunération. On négociait la présence plus que le travail lui-même et on monnayait au mieux cet assujettissement. Qu'un problème de conditions de travail fût posé, l'on discutait rémunération sous forme de prime. Dans des entreprises réputées éternelles, la mission des négociateurs consistait ainsi à enrichir régulièrement des accords d'entreprises portant sur des avantages liés en général à l'ancienneté et au statut, de façon à préserver tant bien que mal un équilibre social.

Par rapport à cet héritage, la négociation suppose aujourd'hui une transformation des manières de faire et des modes de penser. La France a une faible tradition de négociation et les négociateurs d'aujourd'hui ont appris leur métier à une époque où celle-ci s'apparentait plus au marchandage qu'à la construction de choix partagés. Il s'agit ainsi de passer d'une négociation en termes de marchandage à une négociation en termes de choix partagés face à des changements qui s'imposent à tous.

Du « toujours plus » au « donnant-donnant »

Durant les Trente glorieuses, il semblait naturel que le pouvoir d'achat augmente régulièrement d'année en année. Pour l'entreprise, il s'agissait essentiellement d'assurer la paix sociale en marchandant des augmentations de salaires. Le négociateur d'entreprise pouvait s'appuyer sur le socle minimal de la loi, des accords de branche et des accords interprofessionnels. Son apport consistait souvent à ajouter un plus ou parfois à maintenir des avantages liés à des situations spécifiques récentes, anciennes ou éteintes.

De leur côté, les syndicalistes répugnaient à la négociation « à froid ». Inspiré par la vision d'un monde divisé en camps opposés, leur moyen de convaincre était le « rapport de forces », leur puissance de conviction était le nombre et leur philosophie l'égalitarisme. Cette attitude était d'autant plus productive que l'avenir était assuré. La croissance du gâteau étant constante, on se préoccupait essentiellement de la dimension des parts. Il ne pouvait y avoir de négociation « donnant-donnant ». Les acquis, c'était « autant que le patron n'aurait pas dans sa poche » et la négociation ainsi envisagée prenait l'allure d'une accumulation d'accords et de strates successives de « droits acquis ». Pour le négociateur syndical de cette époque, les rapports avec ses mandants étaient simples : nulle remise en cause n'était demandée au salarié. Le bon compromis consistait à aller le plus loin possible par rapport à la situation initiale.

Jusqu'à la fin des années soixante-dix, ce type de négociation produisait une base minimale de droits applicables à l'ensemble des salariés d'une branche ou d'une entreprise. Toutefois, sous l'effet des transformations de l'environnement externe, une rupture intervient au début des années quatre-vingt : la négociation d'accumulation commence à laisser place à une négociation d'adaptation. Des accords d'entreprise tendent à aménager les dispositions générales afin de répondre à une situation ou à contexte particulier. S'ouvre alors le débat sur les accords dérogatoires qui, en général, s'attaquent au dogme des avantages acquis.

L'objectif recherché sera par exemple de limiter le nombre de licenciements imposés par la situation économique grâce à la recherche d'économies passant par la remise en cause de certains avantages (durée du travail ou salaire). On parlera d'accords « donnant-donnant », ou « gagnant-gagnant ». Par ailleurs, les lois Aubry sur la réduction du temps de travail imposeront l'ouverture, au niveau de l'entreprise, de négociations en vue de fixer les modalités de la mise en œuvre des « 35 heures ». C'est une brèche importante ouverte dans la prééminence de l'État en matière d'élaboration du statut social des salariés et un champ nouveau ouvert à la négociation collective qui va se traduire par une multiplication des accords conclus au niveau de l'entreprise.

Le développement de la négociation d'entreprise

Ce développement de la négociation d'entreprise est certainement un des phénomènes majeurs dans les relations sociales françaises depuis ces vingt dernières années. Dans la France des Trente glorieuses, la négociation de branche était prédominante. Pour les entreprises, elle permettait de fixer le cadre minimal d'une concurrence acceptable. Pour les salariés, la négociation de branche était la voiture-balai des entreprises dépourvues d'accord spécifique ou de syndicat. Si, dans les grandes entreprises, la négociation de branche n'apportait pas d'avantage significatif aux salariés, elle les protégeait d'une concurrence trop agressive.

La notion de branche industrielle s'est substituée à l'organisation par métiers qui prévalait avec les corporations et les compagnonnages issus du Moyen Âge. Une logique de regroupement des entreprises par industrie, c'est-à-dire en fonction du type de produit fabriqué et des technologies dominantes, a progressivement, dans le courant du XIXe siècle, structuré le monde industriel. La loi du 25 mars 1919 donna le coup d'envoi des conventions collectives et institua à cette occasion le concept de branche d'activité, que l'INSEE reprit à son compte dans le tableau des statistiques économiques. Progressivement, la notion de branche a modelé le contour des organisations syndicales d'employeurs et de salariés au travers des fédérations et a délimité le champ de la négociation collective. Durant des décennies, c'est donc dans ce cadre que l'on a négocié les salaires minimaux et construit des grilles de classifications.

Or, cette notion de branche industrielle tend aujourd'hui à devenir obsolète, en raison notamment :

- de la généralisation de l'informatique, de la robotisation et de la multiplication des nouveaux matériaux ou des nouvelles technologies, qui transforment les entreprises quelle que soit leur branche d'appartenance ;

- d'une redistribution générale des activités, qui passe par l'externalisation de pans entiers des industries traditionnelles (gardiennage, nettoyage, logistique, entretien, etc.) ;
- de la régression du travail physique au profit d'une activité de manipulation de concepts et de symboles qui tend à effacer les anciennes distinctions liées à la matière et aux procédés de fabrication ;
- d'une diminution du sentiment d'appartenance à certaines branches industrielles historiques, le « métallo » cédant la place à des salariés qui se sentent plus appartenir à l'aéronautique ou à l'automobile qu'à la métallurgie ;
- de la décentralisation croissante des lieux de négociation et de la multiplication des thèmes de discussion.

Le développement de la négociation d'entreprise est donc un des phénomènes majeurs des deux dernières décennies. Cette évolution traduit également un changement profond du comportement des salariés. Ceux-ci, tout au moins ceux des entreprises du domaine marchand et concurrentiel, ignorent ce qu'est la branche d'activité, qui demeure pour eux un concept abstrait et une réalité très lointaine. Les dispositions législatives, enfin, ne sont pas non plus étrangères à cette croissance. En conditionnant parfois l'octroi d'avantages fiscaux et l'exonération d'une partie des charges sociales à la signature d'un accord, l'État a en effet stimulé la volonté négociatrice des employeurs, avec pour corollaire le développement d'effets d'aubaine souvent injustifiés.

Nouvelles tendances de la négociation collective

À partir de 1993, une nouvelle vague de « plans sociaux » est annoncée, compte tenu de la récession économique qui a suivi la première guerre du Golfe. Mais alors que dans la période précédente, les licenciements affectaient essentiellement les ouvriers, à commencer par les moins qualifiés d'entre eux, le chômage, cette fois, touche la population des cadres et se traduit par une difficulté accrue des jeunes, notamment des jeunes diplômés, à accéder au marché du travail. Deux règles essentielles sur lesquelles repose la cohésion de notre société : la protection par le statut et l'ascension sociale par le diplôme, semblent avoir cessé de fonctionner.

Cette situation nouvelle va avoir deux conséquences majeures :

- les salariés bénéficiaires d'un statut (fonctionnaires, cheminots, etc.) vont se raidir bien plus fortement qu'avant sur la défense de leurs acquis et leurs particularismes ;
- *a contrario*, un pragmatisme nouveau va émerger, au travers de négociations innovantes, dans le secteur marchand, dorénavant confronté à l'incertitude économique et à la concurrence internationale. Il s'agit alors de faire face aux problèmes d'emploi, notamment par la mise en œuvre de solutions apportant à l'entreprise davantage de flexibilité dans l'organisation du travail.

Le contexte économique explique évidemment que les négociateurs aient accepté de modifier leurs pratiques. Conclus en situation d'urgence, parfois « le dos au mur », ils ouvrent un espace favorable à l'établissement de nouvelles règles sociales et contribueront à répandre quelques principes nouveaux dans la négociation d'entreprise :

- ils instituent l'organisation de l'entreprise comme objet de négociation ;
- les négociations présentent désormais un caractère global dans la mesure où elles relient entre elles l'organisation de l'entreprise, le temps de travail, les salaires et l'emploi ;
- leur objet, peu ou prou, porte sur une réorganisation de l'entreprise en vue d'assurer sa survie ou son développement ;
- les salaires peuvent être flexibles à la baisse, et ce, sous de multiples formes (blocage des rémunérations, réduction de salaire, épargne forcée, etc.) ;

- les accords signés sont souvent réversibles en fonction de l'évolution des données d'environnement interne et externe ;
- ils supposent un nouveau partage de l'information non seulement entre la direction et les représentants des salariés mais entre les salariés eux-mêmes et leurs représentants ;
- lorsqu'ils sont acceptés par les organisations syndicales, ils doivent ensuite être acceptés par les salariés eux-mêmes à l'occasion d'un référendum ou une présentation en assemblée générale ;
- il peut arriver que la mise en œuvre et le suivi soient conjointement assurés par les représentants des salariés et les dirigeants de l'entreprise, au travers d'un « comité de suivi ».

Le contenu de la négociation tend à changer et les lieux de négociation tendent à se déplacer au plus près des lieux de travail. Les discussions s'enracinent de plus en plus dans la vie quotidienne de l'entreprise et dans des enjeux économiques concrets et explicites. On continue certes à parler salaire, mais on aborde aussi l'intéressement aux résultats et la mise en œuvre de solutions visant à accroître la performance de l'entreprise ; on se préoccupe ainsi d'organisation du travail, de l'impact des transformations technologiques et de la modernisation des entreprises.

Évolution du cadre légal de la négociation

Comme cela a déjà été noté plus haut, la négociation sociale, en France, se pratique à trois niveaux :

- au niveau national interprofessionnel ;
- au niveau de la branche d'activité ;
- au niveau de l'entreprise ou du groupe d'entreprises.

Au niveau national interprofessionnel, elle se déroule entre organisations syndicales représentatives (CGT, CFDT, CGT-FO, CFTC et CFE-CGC) et organisations patronales (MEDEF, CGPME et

UPA). C'est à ce niveau que furent négociées, notamment, les dispositions relatives aux régimes de retraites complémentaires et à l'assurance chômage. De même des accords intervinrent successivement sur :

- les mutations technologiques (23 septembre 1988) ;
- l'aménagement du temps de travail (21 mars 1989) ;
- le travail précaire (24 mars 1990) ;
- la politique contractuelle et l'emploi (31 octobre 1995) ;
- le droit individuel à la formation (20 septembre 2003) ;
- la mixité et l'égalité professionnelle entre les hommes et les femmes (1er mars 2004) ;
- le télétravail (19 juillet 2005).

Au niveau de la branche d'activité, elle se déroule, soit au niveau national (conventions collectives nationales), soit au niveau régional ou local. Une convention n'engageant en principe que ses signataires ou leurs mandants, le législateur a prévu une procédure d'extension par arrêté en vue de la rendre applicable à l'ensemble des entreprises de la branche, qu'elles soient ou non adhérentes de l'organisation patronale signataire. Depuis la loi Fillon du 4 mai 2004 « relative à la formation professionnelle tout au long de la vie et au dialogue social », l'application du principe majoritaire exige que la convention, pour être valide, ait été signée par la majorité des organisations syndicales représentatives, soit un minimum de trois sur les cinq qui bénéficient d'un tel statut, ou, en cas d'accord minoritaire, qu'il ne soit pas l'objet d'une opposition venant des trois autres. L'ouverture de négociations est obligatoire tous les ans en ce qui concerne les salaires (NAO) et tous les trois ans en ce qui concerne notamment la formation professionnelle, les temps de travail et l'emploi.

C'est au niveau des entreprises et des groupes d'entreprises, toutefois, que la négociation sociale tend aujourd'hui à être la plus active. La loi du 4 mai 2004 prévoit à ce sujet deux innovations importantes :

- d'une part la mise en œuvre du principe de la majorité d'opposition. Lorsque les organisations syndicales signataires sont minoritaires, en nombre de voix exprimées aux élections de CE, les organisations syndicales majoritaires peuvent faire entendre leur droit d'opposition ;
- d'autre part, à l'exception d'un petit nombre de sujets énoncés par la loi ou prévus par la convention collective de branche, les négociateurs d'entreprise peuvent désormais convenir de dispositions moins avantageuses pour les salariés que celles qui sont prévues au niveau de la branche ou au niveau national interprofessionnel. Ainsi se trouve remis en cause le « principe de faveur » qui faisait obligation à tout accord de rang inférieur (par exemple au niveau de l'entreprise) d'être plus avantageux que ceux qui lui étaient d'un rang supérieur (par exemple la convention collective de branche).

Ces dispositions nouvelles ont fait l'objet de nombreux commentaires. Certains voient dans le droit d'opposition un pas dans le sens des « accords majoritaires » ; d'autres regrettent toutefois que la recherche par les syndicats d'ententes en vue de parvenir à une telle majorité vise à se prononcer « contre », et non à se prononcer « pour ». De même, la remise en cause du principe de faveur est perçue par les uns comme une possibilité d'adaptation à la diversité des situations des entreprises et comme une incitation à l'expérimentation de solutions nouvelles, tandis que les autres la rejettent fortement, y voyant un risque majeur de « dumping social ». De nouveaux changements dans un sens ou dans un autre ne sont nullement à exclure au cours des prochaines années.

Comme c'est le cas au niveau de la branche d'activité, un certain nombre de thèmes doivent périodiquement faire l'objet de l'ouverture de négociations (ce qui ne veut pas dire qu'elles aboutiront nécessairement). Les salaires effectifs et la durée effective ainsi que l'organisation des temps de travail doivent faire l'objet d'une négociation annuelle obligatoire (la NAO). Mais la loi du 18 janvier 2005 prévoit en outre que des négociations triennales doivent s'engager sur les modalités d'information et de consultation du comité d'entreprise sur la stratégie de l'entreprise et ses effets prévisibles sur l'emploi et les salaires ainsi que sur ce que prévoit l'entreprise en ce qui concerne la gestion prévisionnelle de l'emploi et des compétences. Seule l'expérience dira si ces dispositions iront au-delà des bonnes intentions qui auront inspiré le législateur, à défaut de sa connaissance des réalités de l'entreprise.

À cela s'ajoutent les négociations que les entreprises doivent engager sur les modalités de l'épargne salariale : participation, intéressement et plans d'épargne. Ces négociations, selon les cas, peuvent s'ouvrir soit avec les représentants des syndicats représentatifs dans l'entreprise, soit au sein du comité d'entreprise ; le projet d'accord peut également faire l'objet d'une ratification par le personnel, moyennant une majorité des deux tiers.

En tout état de cause, ces négociations obligatoires ne constituent qu'un socle minimal. Les entreprises, en effet, en sont venues à négocier sur des thématiques extrêmement variées, qui vont des modalités de traitement des accusations de harcèlement moral à la définition de leurs engagements dans le domaine du respect de l'environnement ou du respect de normes sociales minimales chez leurs fournisseurs et leurs sous-traitants. De même, de nombreuses grandes entreprises ont-elles négocié des accords de méthodes ou des accords portant sur les conditions d'exercice des fonctions de représentation du personnel. Ces accords sont parfois très innovants, prévoyant notamment, au bénéfice des représentants du personnel, des garanties en ce qui concerne leurs conditions d'évolution professionnelle. Enfin, en vue d'anticiper par rapport à des restructurations prévisibles accompagnées de suppressions d'emploi, certaines entreprises s'engagent dans la négociation d'un accord de méthode en ce qui concerne les modalités d'élaboration du « plan de sauvegarde de l'emploi » qui se révélera nécessaire.

Logique de négociation et recherche du terrain d'entente

La forme dominante de négociation dans les entreprises françaises reste largement la « négociation de positions », qui s'apparente à la « guerre de positions ». Dans le schéma classique d'une négociation salariale, la négociation de positions conduit aux attitudes suivantes :

- l'organisation syndicale belliqueuse adopte une position maximaliste tandis que la direction de l'entreprise s'engage *a minima* ;
- les organisations syndicales réalistes trouvent difficilement leur place et sont tentées par la surenchère verbale ou par l'alignement sur l'organisation la plus radicale. Les différentes délégations syndicales s'observent, prêtes à dénoncer les compromissions jugées excessives ;
- les négociateurs syndicaux s'attachent à leurs demandes, mettent en avant l'écart entre les revendications syndicales et les propositions de la direction, dénoncent le « refus de la direction de négocier » ;
- les séances de négociation sont caractérisées par des déclarations de principe et par des affrontements verbaux. Les concessions sont rares et les menaces de rupture peuvent intervenir à tout moment ;
- dans ce type de négociation, la prime va souvent à la fermeté, à la capacité à camper longtemps sur les mêmes positions et à les réaffirmer inlassablement. Les négociateurs doivent être vigilants car la moindre concession peut être interprétée comme un signe de faiblesse. Un négociateur conciliant et de bonne foi est

vite désarçonné par ce type de relation qui suppose une habitude des attitudes agressives, des attaques personnelles et des déclarations hostiles ;

- au fil des séances, la direction de l'entreprise fait le minimum de concessions tandis que les syndicats dénoncent « un simulacre de négociation » en attendant les circonstances favorables où ils pourront faire jouer le rapport de forces.

Ce type de négociation se termine rarement par un accord. La direction de l'entreprise applique unilatéralement ce qu'elle a prévu de faire. Les syndicats affichent un mécontentement de façade, qui sauve la face et qui correspond à leur rôle attendu.

La négociation de positions correspond à des relations sociales pauvres sur le fond. Elle accompagnait les relations sociales lorsque l'enjeu de la négociation portait uniquement sur le partage de la croissance. Elle imprègne encore aujourd'hui la culture d'un grand nombre de négociateurs, au moins du côté syndical, mais elle est inadaptée au traitement des problèmes complexes qui se posent aujourd'hui. On examinera donc ensuite les principes d'une négociation plus ouverte sur le changement et la construction de solutions innovantes.

Déroulement de la négociation de positions

Dans une négociation de positions, chaque camp a pour objectif de chercher à obtenir ce que l'autre ne souhaite pas concéder, ou à maximaliser l'échange à son profit. Elle se situe dans le cadre d'un rapport de forces potentiel ou explicite. L'objectif est d'obtenir le plus possible de l'autre, et non de chercher une solution équilibrée. C'est un mode de négociation qui s'épanouit dans le contexte d'une perception inégalitaire des rapports de forces et d'une croyance à la divergence, par nature, des intérêts en présence.

Ce type de négociation débute souvent par une phase de conditionnement réciproque qui peut durer plus ou moins longtemps et durant laquelle les partenaires s'observent, jaugent leur détermination en vue d'évaluer les enjeux réels et les espaces de compromis de chacun. À l'opposé chaque partie s'efforce de laisser l'adversaire dans l'incertitude en ce qui concerne ses propres objectifs et sur l'étendue de ses marges de manœuvre. La prolixité verbale parfois agressive vise à masquer ce que l'on espère réellement ; il s'agit de ne pas « dévoiler ses batteries ».

Chacun des protagonistes tente de quitter la posture délicate de demandeur pour acquérir celle, plus confortable, de celui qui est en mesure de concéder quelque chose. Sur le plan psychologique, chacun va tenter de spéculer sur les désirs et les craintes de la partie adverse. Chacun s'évertuera à masquer soigneusement ses intérêts et sera amené à agir sous la crainte qu'une concession faite trop rapidement ne serve de point d'appui à l'adversaire pour en obtenir une autre. Pour ces raisons, la conclusion d'un compromis peut être assez difficile à obtenir. Elle suppose une certaine usure des partenaires/adversaires. Les compromis obtenus sont rarement satisfaisants et stables dans le temps, dans la mesure où ils procèdent plus du rapport de forces du moment que de la prise en compte des intérêts de chacun.

La mise en scène de la négociation vise à assoupir les défenses de l'adversaire, à créer une atmosphère positive favorable au désamorçage des antagonismes latents, ou au contraire à susciter la crainte ou l'inquiétude. On fait plus facilement céder quelqu'un qui a peur. Celle-ci peut être obtenue :

- en créant une mise en scène visant à dramatiser ou au contraire à endormir la vigilance de ses interlocuteurs ;
- en leur imputant les responsabilités de la situation existante et en transformant leur posture de négociateur en une posture d'accusé (« si nous demandons cette prime, c'est à cause de vous, parce que vous avez changé unilatéralement les conditions de travail ») ;

- en justifiant ses demandes ou revendications par une exigence morale supérieure ou sous couvert d'une autorité externe incontestable (les « normes européennes nous imposent... ») ;
- en pratiquant le rappel constant d'une position de force existante ou virtuelle (« Si vous continuez à tenir ces propos, nous allons fermer les portes de l'usine ! », ou « Avec vos revendications, vous allez mettre la société par terre. ») ;
- en faisant du verbe un instrument de pression, en pratiquant le procès d'intention, le harcèlement verbal, la monopolisation de la parole et en multipliant des déclarations maximalistes et idéologiques ;
- en s'attaquant aux personnes, à leur moralité et à leur probité, ou en leur prêtant des intentions machiavéliques, ce qui aura par ailleurs l'avantage de leur attribuer ultérieurement des concessions fictives.

Dans le cadre d'un conflit du travail, l'ouverture de la première séance de négociation va souvent être conditionnée par des exigences de forme qui auront pour objectif de réduire la pression de l'un des protagonistes ou de stabiliser le rapport de forces. Par exemple les grévistes vont exiger que le directeur vienne discuter au milieu de l'atelier où a lieu le conflit. La direction, de son côté, va poser des exigences sur les formes de la grève. La mise au point de ces clauses de formes peut demander du temps. Chacun se souvient que durant la guerre du Viêt Nam les parties américaine et vietnamienne avaient discuté très longtemps avant de se mettre d'accord sur la forme de la table. Ce cérémonial permet à chacun d'entrer dans la négociation en ayant mesuré les conséquences de ce choix. Dans un conflit, en effet, c'est accepter de passer d'une exigence unilatérale, « la satisfaction des revendications », à une solution de compromis.

L'affrontement des positions

Les protagonistes s'observent, tentent de créer un climat qui soit propice à leurs intentions. Les positions respectives s'affrontent. Chacun avance des intentions maximalistes de façon à garder un maximum de réserves en vue des concessions qu'il devra probablement accepter. Mais ces « avancées » ne seront faites qu'au moment opportun, lorsque l'une des parties estimera qu'elle peut être payée par des concessions en retour. Dans un premier temps, chaque partie va s'efforcer d'affaiblir la position adverse et de renforcer la sienne :

- desserrer les contraintes que fait peser le camp opposé en examinant la faisabilité de toute autre solution ne passant pas par la négociation. Chacun essayera alors de rendre inefficaces les solutions alternatives de l'autre ;
- répéter inlassablement sa vision du problème afin d'amener les opposants à traiter sur son terrain ;
- jouer délibérément sur les mots, sur les incompréhensions, sur le décalage entre les perceptions des uns et des autres afin d'obtenir des consentements en trompe-l'œil ;
- acquérir la maîtrise du temps en mettant l'adversaire sous contrainte, réellement ou psychologiquement, par des échéances qui risquent de détériorer sérieusement sa position ou d'entraîner des conséquences fâcheuses pour lui (formulation d'un ultimatum liant une proposition de concessions au respect d'une échéance précise) ;
- interrompre ou suspendre délibérément la négociation et spéculer sur la pression croissante de l'urgence pour forcer la décision et favoriser l'évolution d'une position ou pour permettre, dans le cadre d'un conflit, aux partisans du compromis de l'emporter sur les jusqu'au-boutistes ;
- gagner du temps, dans l'attente d'un rapport de force plus favorable, et épuiser psychologiquement l'adversaire.

Au cours de longues périodes de « dialogue de sourds », chacune des parties peut, dans des négociations très « physiques », répéter systématiquement et inlassablement la même position et les mêmes arguments dans l'attente de circonstances plus favorables. Ce type de comportement peut être alors le révélateur de deux sortes d'insuffisances :

- l'incapacité de la direction de l'entreprise à imaginer des solutions attractives et négociables ;
- l'absence de maîtrise des dossiers par les syndicats et la peur qu'ils ont de s'engager sur des solutions de compromis concrètes.

Le basculement vers un terrain d'entente

Dans les phases précédentes, les participants à la négociation demeurent sur leurs gardes. Ils concentrent leur énergie sur un objectif : ne pas entrer dans la logique de l'autre. Au contraire, l'enjeu de chacun est d'amener l'adversaire à partager sa propre problématique, à « discuter sur son terrain ». Le basculement intervient quand chacune des deux parties accepte un terrain de dialogue commun. Ceci est difficile à obtenir car, dans le cadre d'une négociation de position, cette acceptation est toujours plus ou moins vécue comme un renoncement. Par ailleurs, les tensions interpersonnelles ont souvent été intenses. Dans la négociation de positions, la pression sur les personnes fait toujours partie intégrante de la stratégie. Il arrive que l'acceptation d'un terrain de compromis soit vécue par les leaders comme un échec personnel risquant d'hypothéquer la suite des négociations.

Dans un contexte de pluralité syndicale, ce moment est toujours délicat car il est propice à la surenchère. Bien qu'étant théoriquement unis dans une même action ou dans une même démarche, les syndicalistes restent fondamentalement en compétition les uns par rapport aux autres : plus les positions des uns et des autres ont été affirmées avec force et véhémence, plus il est difficile d'y déroger.

C'est un des talents essentiels du leader que de savoir promettre pour mobiliser et revenir ensuite au réalisme afin de sortir d'une crise.

Une fois le terrain de discussion ainsi accepté, les tractations peuvent s'engager dans une phase de marchandage qui permettra de déboucher sur le compromis final. À nouveau, chaque partie va chercher à mettre le temps de son côté et à limiter l'influence de la pression adverse en continuant à mettre en œuvre des dispositifs alternatifs. Lorsque le compromis final est conclu, il est avant tout le résultat d'une épreuve. Il s'agit, dans l'esprit des négociateurs, d'un compromis temporaire qu'il conviendra de remettre en cause dans des circonstances plus favorables, ou d'enrichir ultérieurement par de nouvelles conquêtes. L'application peut en être délicate car chacun continue de vouloir reconquérir des parcelles du terrain qu'il a perdu, voire même de dénaturer, dans sa mise en œuvre, l'esprit de ce qui a été conclu.

On voit que ce type de négociation est extrêmement coûteux pour chacune des parties, car il suppose la création et l'entretien permanent d'un rapport de force favorable, un engagement personnel important tant en matière de disponibilité physique que psychique. Beaucoup de dirigeants sont rebutés à l'idée de négocier de cette manière. Ils ont le sentiment de perdre du temps, de se perdre dans les détails, et de contribuer à un jeu stérile. L'expérience et la maîtrise de la négociation de positions sont pourtant indispensables dans la mesure où elle constitue encore l'état actuel dominant du dialogue social en France. Pourtant ce type de négociation apparaît de plus en plus comme décalé et inopérant au regard des évolutions contemporaines de l'entreprise comme de son environnement.

La négociation raisonnée

Dans leur ouvrage *Getting to yes,* Roger Fisher et Melvin Ury[1] présentent les principes de ce qu'ils appellent la « négociation raisonnée » *(« Principled Negotiation »).* Cette méthode a été formalisée à Harvard dans le cadre du *Negotiation Project* et elle a été développée en France, notamment par Michel Ghazal[2].

Les auteurs opposent la négociation raisonnée à la négociation de positions qui n'est au fond qu'un simple marchandage dans le cadre d'un rapport de forces. Chaque partie formalise ses positions et, par un jeu alternatif de pression et de concessions réciproques, cherche ainsi à trouver un accord. Que les conditions internes et externes changent, que l'équilibre des forces se transforme et l'accord ainsi obtenu est, tôt ou tard, remis en cause. La notion d'accord « gagnant-gagnant » suppose au contraire que les intérêts en jeu soient clairement appréhendés, pris en compte et traités équitablement.

La négociation raisonnée repose sur quatre principes fondamentaux :

- les enjeux de la négociation et les divergences d'intérêts qui peuvent en être l'objet doivent être déconnectés de la dimension affective et passionnelle qui anime les protagonistes ;
- l'effort doit être concentré sur l'examen, l'analyse et la reconnaissance des intérêts en jeu au-delà des positions respectives affichées et défendues par chaque partie ;
- des critères objectifs, tangibles, reconnus par tous, doivent servir de base à l'appréciation et à la prise en compte des intérêts respectifs ;

1. Random House Business Books, 2003.
2. Michel Ghazal et Yves Halifa, *Circulez y a rien à… négocier*, Le Seuil, 1997. Michel Ghazal est le président et fondateur du Centre européen de la négociation.

- la négociation consiste moins à opposer les solutions préconisées par les uns ou les autres qu'à chercher à envisager une panoplie aussi large que possible de solutions acceptables par tous.

Venue d'outre-Atlantique, la négociation raisonnée est une technique qui ne peut évidemment gommer plusieurs décennies de relations sociales fondées sur le rapport de forces. Dans la mesure où elle repose sur une volonté de faire émerger des intérêts multiples et de les mettre face à face, ses principes méthodologiques peuvent être utilement mis à profit pour affronter la complexité des situations actuelles.

Évolution des principes de la négociation

L'entreprise traditionnelle, relativement fermée sur elle-même, qui respectait l'unité de temps, de lieu et d'action, cède chaque jour du terrain à un modèle d'entreprise plus ouverte, fonctionnant en réseau, à la fois polymorphe et *polychronique*. La négociation sociale, dans un tel contexte, se complexifie pour les raisons suivantes :

- les salariés ont cessé de considérer leurs intérêts comme homogènes. Ils ne se reconnaissent plus spontanément dans des revendications salariales qui étaient auparavant la monnaie d'échange de tout changement souhaité par une direction soucieuse de modifier l'organisation de l'entreprise. Cette relative homogénéité a laissé place à une multitude de situations particulières ;
- la négociation, pour les syndicats, ne peut plus avoir pour objectif de produire des avantages supplémentaires. Elle vise plutôt à redistribuer les avantages sociaux, compte tenu d'une recherche permanente de la performance économique ;
- alors que l'ancienne négociation portait sur le caractère formel des choses, sur le système normatif de l'entreprise (le fameux « statut »), elle a de plus en plus pour objet aujourd'hui de réguler la contribution de chacun à la création de valeur ;

- enfin, la négociation se déroule aujourd'hui dans un univers où l'avenir est fondamentalement incertain. Or les syndicalistes cherchant avant tout des certitudes. En cela ils expriment le besoin profond de sécurité des salariés. C'est pourquoi la négociation actuelle touche de près ou de loin à la notion de sécurité, c'est-à-dire au tréfonds des individus et à leur capacité de se projeter dans l'avenir. Ce n'est pas un hasard si les termes de l'échange entre le MEDEF et les confédérations syndicales portent aujourd'hui sur la souplesse dont l'entreprise a besoin pour son fonctionnement et la sécurisation des parcours professionnels dont les salariés ont besoin pour envisager leur avenir.

D'où les grandes orientations qui tendent désormais à animer la négociation sociale. Ces principes concernent le contenu de la négociation et la méthode mise en œuvre.

Contenu de la négociation sociale

En ce qui concerne tout d'abord le contenu de la négociation sociale, les mots clefs sont : interaction, dépendance, globalisation et réversibilité. Négocier, en effet, c'est prendre en compte :

- l'interaction organique de l'économique et du social, qui se conditionnent l'un l'autre ;
- la situation de dépendance de l'entreprise par rapport à son environnement. D'où la nécessité, dans la négociation entre direction et salariés, d'intégrer les attentes des clients, des actionnaires, des fournisseurs, bref du système de relations et d'obligations dans lequel vit l'entreprise ;
- la globalisation des enjeux dans la mesure où la modification d'un paramètre a des conséquences sur l'économie globale de l'équilibre auquel il s'agit de parvenir ;
- la nécessité d'une réversibilité potentielle des accords conclus car il s'agit aujourd'hui de progresser dans un univers d'incertitude,

la totalité des paramètres qui détermineront le devenir de l'entreprise ne pouvant être connus de manière exhaustive et définitive.

L'intégration de l'économique et du social ne peut être acquise qu'au prix d'une compréhension profonde des contraintes de l'entreprise. Mais les syndicalistes ont rarement le goût de l'économique. Cette horreur de l'économique imprègne souvent l'ensemble des protagonistes de certitudes qui ont longtemps pris corps dans des univers protégés. Passer d'une relation privilégiée avec un client qui vit dans la mouvance de l'État, à la confrontation sur le marché mondial est en soi une épreuve. Comprendre que les entreprises sont mortelles et que l'acharnement thérapeutique n'est pas toujours souhaitable nécessitera encore une longue maturation des acteurs. L'intégration de cette donnée de base est un levier puissant pour stimuler la négociation et pas seulement dans le cadre de plans sociaux ou de sauvegarde de l'emploi.

En ce qui concerne la méthode, ensuite, celle-ci doit avoir pour objectif de maîtriser, autant que faire se peut, la complexité. Ceci ne peut être acquis qu'en sortant d'une simple négociation bilatérale et centralisée, avec les organisations syndicales.

Renouvellement nécessaire des méthodes

Les quelques principes de méthode qu'implique cette évolution de l'esprit même de la négociation sont :

- la reconnaissance de l'interdépendance du contenu et du *process* ;
- l'implication des différents acteurs de l'entreprise ;
- le questionnement permanent sur la représentativité des intermédiaires sociaux ;
- l'acceptation de l'expérimentation ;
- le partage des informations et des connaissances.

Négocier le changement

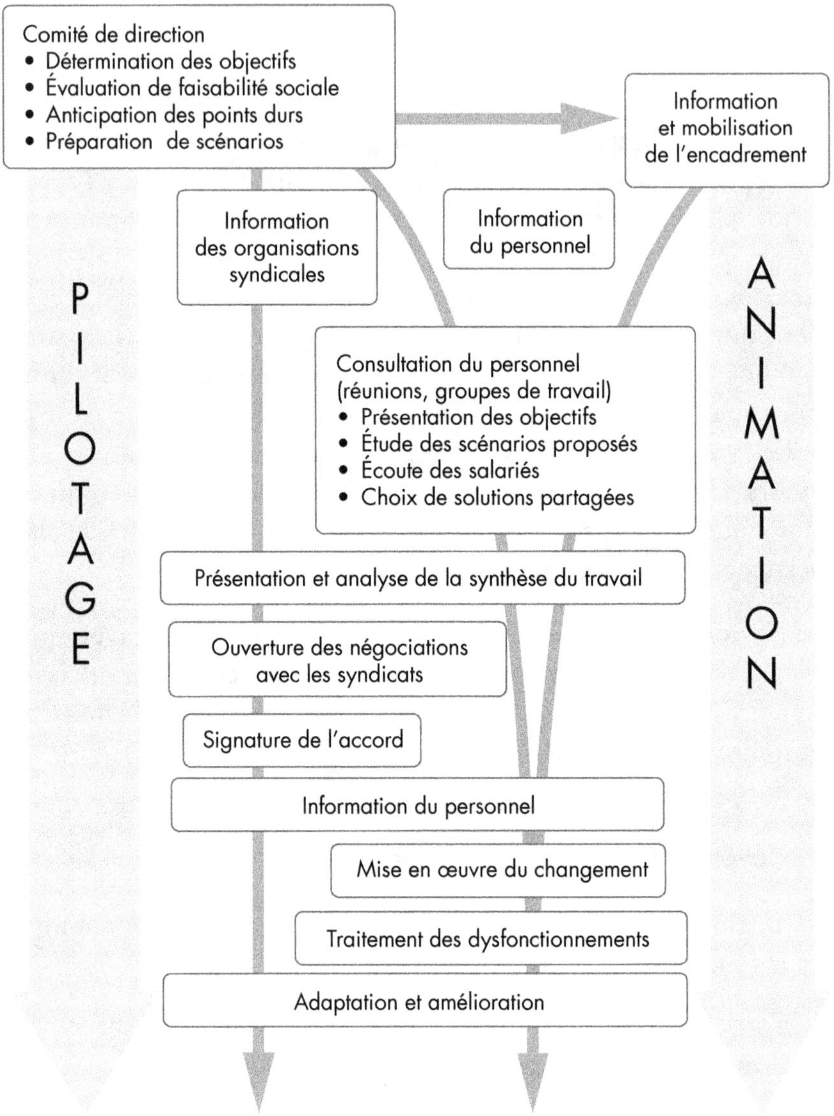

Il convient d'attacher au moins autant d'importance à la manière dont on va négocier (la méthode) qu'au contenu même de la négociation. En effet, dans la plupart des problématiques actuelles, notamment en matière d'organisation et d'aménagement du temps de travail, les syndicats ne peuvent plus être considérés comme représentatifs par définition. Un processus de négociation bien conçu devra leur permettre de s'approprier les attentes des salariés. Il en va de même de l'encadrement, qui doit évidemment être associé à la construction du projet et de la négociation. Interdépendance du *process* et du contenu : la réussite de la négociation tiendra autant à la qualité des solutions qu'elle proposera qu'à la façon d'inventer ensemble une manière de faire et de mettre en œuvre. La négociation n'est plus alors une simple affaire de spécialistes, entre responsables syndicaux et dirigeants d'entreprise. Les salariés et l'encadrement, dans leur diversité, doivent trouver leur place dans le processus de façon à explorer tous les compromis possibles. Un changement conçu en commun permettra en effet d'expérimenter, d'affronter les aléas ou de réaliser les retours en arrière qui sont parfois nécessaires.

Par nécessité, la négociation va alors durablement s'installer dans l'entreprise. Encore faut-il qu'il y ait des négociateurs et qu'ils soient aptes à négocier. Pour les syndicalistes, l'exercice n'est pas simple. Les compromis sont complexes à élaborer. Les intérêts des salariés sont éclatés, divers et parfois contradictoires. Il s'agit pour les négociateurs syndicaux de trouver la bonne place du curseur entre l'intérêt de l'entreprise et leur capacité à représenter les salariés dans ce qu'ils ont de conservateur et d'irrationnel tout en tenant compte de leur capacité à évoluer.

Les syndicalistes sont conduits ainsi à prendre en compte l'interdépendance des problèmes et la réversibilité des dispositions. Le jeu est pour eux difficile : le monde moderne impose de plus en plus de faire la distinction entre la puissance et le nombre et remet en cause les logiques d'action antérieures. Être capable de communiquer, de mobiliser un réseau et de dialoguer avec le personnel, savoir donner du sens à des informations, être en mesure de réagir vite et à propos, sont aujourd'hui des atouts bien plus puissants que les anciens bataillons syndicaux.

Au total, pour que la négociation soit aujourd'hui productive, qu'elle suscite des compromis durables et favorables à la progression de l'entreprise et de ses salariés, trois conditions minimales doivent être réunies :

- que les acteurs jouent dans le cadre d'un rapport de force équilibré ;
- qu'il y ait un minimum de partage des informations et des connaissances ;
- que dirigeants et syndicalistes soient légitimes et représentatifs.

Conduite de la négociation sociale

Il n'existe pas de recette qui permettrait de réussir à coup sûr une négociation. Au moins existe-t-il quelques règles que l'on aura intérêt à ne pas oublier. Et d'abord, celle qui consiste préalablement à constituer une équipe de négociation.

L'équipe de négociation de la direction

La composition de l'équipe de négociation est évidemment fonction de la taille de l'entreprise et de l'importance des sujets dont il va falloir débattre. Dans une PME, la négociation est l'affaire du chef d'entreprise. Dans un établissement de dimension plus importante, l'équipe pourra être menée par le DRH ou son équivalent, les directeurs opérationnels se situant en général plus en retrait.

Les fonctions principales à assurer lors du déroulement d'une négociation sont les suivantes :

- la préparation et la prise de recul, qui consistent à définir et apprécier le contenu et la stratégie de négociation ;
- le *front office*, c'est-à-dire la conduite des séances de négociation avec les organisations syndicales ;

- le *back office*, composé de techniciens et d'experts, dont la mission est de maîtriser l'arrière-plan technique et juridique des discussions en cours.

L'animation de la préparation devrait toujours, sauf discussion de routine, revenir au chef d'entreprise. Elle doit être impérativement menée en lien avec les responsables opérationnels. Une négociation qui s'engage sans objectif, sans stratégie précise, avec carte blanche implicite au DRH, a des chances d'être confrontée à de sérieuses difficultés, tant dans son déroulement que dans l'application des décisions qui pourraient en être issues. La préparation consiste essentiellement à définir clairement les éléments du mandat et des orientations qui seront confiés aux négociateurs, à savoir :

- les intérêts de l'entreprise en ce qui concerne les sujets qui vont être abordés ;
- les objectifs qu'elle s'assigne ;
- la stratégie qu'elle compte mettre en œuvre ;
- les points d'appui et les marges de manœuvre dont elle dispose ;
- les points durs qui pourraient être rencontrés ;
- les solutions de substitution qui seront mises en application si la négociation n'aboutit pas.

Il est logique que l'équipe qui a assuré la préparation de la négociation fasse régulièrement le point avec les négociateurs afin de prendre avec eux le recul nécessaire, de déterminer les inflexions tactiques et stratégiques adéquates, de valider des compromis ou au contraire de prendre la décision d'explorer les pistes nouvelles qui pourraient se faire jour. Outre les chefs d'établissements et les responsables opérationnels principaux, il est toujours utile, afin de renforcer la capacité d'analyse, de s'entourer de personnes susceptibles d'apporter leur expérience de la négociation, leur connaissance de l'entreprise et de ses principaux acteurs, leur intelligence des comportements syndicaux.

Il est préférable que les membres de l'équipe de négociation soient volontaires afin de se sentir à l'aise dans leur mission. Celle-ci s'articule autour de trois rôles complémentaires :

- *le pilote de la négociation*, en général le DRH, ouvre les séances de travail, anime les réunions, distribue les interventions des uns et des autres, et clôt les débats. Il commente les déclarations et les interventions des uns et des autres, présente les propositions de l'entreprise au moment opportun et suggère, si nécessaire, des suspensions de séance ;
- *l'observateur*, quant à lui, intervient rarement. Il est attentif aux propositions des représentants syndicaux et observe attentivement les comportements respectifs de chacune de délégations syndicales ainsi que la répartition des rôles au sein de celles-ci. Il note les évolutions perceptibles dans les attitudes, les points d'intérêt ou d'hostilité ainsi que la tournure que prennent les discussions. Son rôle est de tirer profit de ses observations pour conseiller utilement le pilote de la négociation ;
- quant au *référent*, il prend de la distance par rapport au contenu concret des discussions et n'intervient dans les débats que pour être le porteur du message économique, des intérêts fondamentaux de l'entreprise ou des salariés. Il se dégage de la contingence pour exprimer les intérêts à long terme. Il dépasse l'âpreté des débats pour apporter une certaine sagesse, du bon sens, au moment où cela devient nécessaire.

Il peut être utile, lorsqu'une négociation piétine ou s'enlise, de faire entrer dans le jeu une personne recours, bénéficiant d'une aura particulière, qui remettra par son charisme et son autorité les discussions sur une bonne voie, contribuera à débloquer un point de litige apparemment insurmontable, ou qui encore, affirmera solennellement la portée des enjeux, en appelant à la clairvoyance de chacun. Cette personne peut être le PDG ou un dirigeant bénéficiant d'un prestige et d'une autorité incontestable. L'utilisation de ce « joker » doit être exceptionnelle et arriver à point nommé, c'est-à-dire au moment ou elle peut être comprise et suivie d'effet.

L'équipe de négociation et ses supports

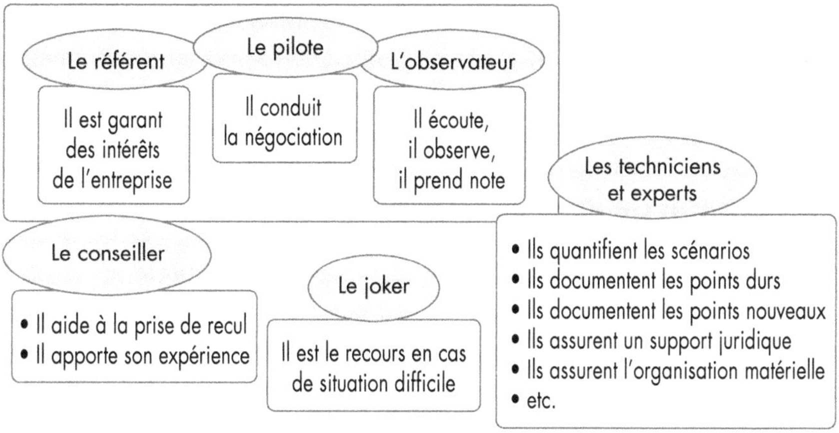
Le référent
Il est garant des intérêts de l'entreprise
Le pilote
Il conduit la négociation
L'observateur
Il écoute, il observe, il prend note
Les techniciens et experts
• Ils quantifient les scénarios
• Ils documentent les points durs
• Ils documentent les points nouveaux
• Ils assurent un support juridique
• Ils assurent l'organisation matérielle
• etc.
Le conseiller
• Il aide à la prise de recul
• Il apporte son expérience
Le joker
Il est le recours en cas de situation difficile

L'équipe de négociation procédera, après chaque séance, à une analyse succincte de son déroulement et à une évaluation des progrès ou des reculs enregistrés. Un *reporting* régulier avec le groupe qui a préparé la négociation permettra de procéder à une analyse plus approfondie et aux recadrages appropriés.

Cette équipe de négociation doit par ailleurs pouvoir s'appuyer sur un réseau de conseillers et de techniciens internes et externes qui vont lui permettre d'évaluer la faisabilité, le coût et la conformité juridique des hypothèses qui pourront surgir des discussions. Outre l'organisation matérielle de la négociation, leurs tâches principales consisteront :

- à donner un avis juridique ;
- à étudier la cohérence avec les dispositions existantes ;
- à examiner la faisabilité des solutions proposées en fonction des contraintes internes et externes ;
- à quantifier les scénarios envisagés et évaluer leur impact économique ;
- à documenter les points durs et les idées nouvelles, etc.

Ces fonctions supports devront être plus ou moins réactives selon la nature des sujets et du contexte des discussions. Si, dans les petites entreprises, elles peuvent être assurées en interne, il n'en reste pas moins que sur des questions très pointues, l'apport de spécialistes extérieurs sera toujours utile.

Préparation de la négociation

Comme on vient de le voir, toute négociation importante se prépare avec un comité *ad hoc* afin de fixer un cadre d'objectifs, une stratégie et des solutions alternatives en cas d'échec des discussions. Une attention particulière doit être apportée aux questions suivantes :

- il est indispensable de réaliser un état des lieux exhaustif des droits existants, des conventions, des us et coutumes ainsi que des pratiques officielles et officieuses, des arrangements locaux et antérieurs au sein de l'entreprise ou de l'établissement concerné. L'impact social des changements doit être anticipé et les situations spécifiques, dérogatoires aux dispositions générales, détectées et évaluées. Ce sont ces dernières qui sont le plus souvent affectées par le changement de cadre et c'est souvent là que se situent les germes de conflits ;
- la réussite d'une négociation, et notamment d'une négociation visant à gérer le changement, ne résulte pas simplement de la qualité et de la cohérence des propositions qui sont présentées. Elle dépend également d'une alchimie particulière qui devra emporter l'adhésion des représentants syndicaux. En conséquence, il est donc déterminant de comprendre les logiques qui animent ces derniers. Ils sont en effet porteurs de trois niveaux d'intérêts :
  - en premier lieu, il faut s'interroger sur leurs intérêts personnels. L'atomisation du syndicalisme français conduit à ce que dans bien des négociations, c'est ce premier niveau qui est déterminant dans le comportement des représentants des salariés. Souvent, les syndicalistes sont moins représentatifs du

personnel dans sa globalité que porteurs des aspirations d'un groupe restreint, et parfois de celles de quelques individus particuliers, ou tout simplement de leurs propres souhaits,
- ils sont également dépositaires des intérêts de leur syndicat, c'est-à-dire, pour l'essentiel, des résultats des prochaines élections, lesquelles détermineront l'influence et les moyens dont ils pourront disposer. Ils peuvent, quelquefois, avoir à prendre en compte la problématique des structures syndicales auxquelles ils sont liés, notamment quand les sujets traités comportent des enjeux qui dépassent le cadre de l'entreprise,
- enfin, les nécessités de leur rôle les conduisent à défendre les intérêts des salariés à partir de l'idée qu'ils s'en font. Cette perception s'élabore souvent à partir de données partielles, souvent passées au crible de présupposés idéologiques explicites ou implicites. Une délégation constituée d'anciens aura par exemple tendance à laisser de côté le point de vue propre aux jeunes nouvellement arrivés dans l'entreprise.

Ouverture de la négociation

Une négociation doit être considérée sous trois aspects :

- *le contenu*, qui doit faire l'objet, comme nous venons de le voir, d'une préparation méticuleuse ;
- *la méthode*, c'est-à-dire la manière dont elle se déroule, la façon dont elle s'insère dans la vie de l'entreprise, le rythme auquel elle progresse et l'articulation qu'elle doit avoir avec l'information du personnel et la mobilisation de l'encadrement. Le processus vise à faire émerger les intérêts en jeu et à faciliter la maturation de compromis qui seront réellement partagés par l'ensemble du corps social ;
- *la forme*, c'est-à-dire les règles du jeu que se donnent les négociateurs pour travailler, la tonalité qu'ils donnent à leurs échanges, les relations interpersonnelles qu'ils nouent au cours du déroulement des échanges. C'est donc aussi l'affectif, l'irrationnel dans

lequel baignent les débats. Les organisations syndicales mettent souvent en avant des impératifs de formes, font naître des querelles de méthodes surtout lorsqu'elles se sentent faibles sur le fond, du point de vue technique ou dans leur capacité à représenter les salariés sur les sujets traités. C'est souvent dans la gestion des formes et de la méthode que se gagne la confiance.

La première réunion de travail va fixer le coup d'envoi des discussions :

- l'accueil des délégations syndicales est important. Ponctuel et courtois sans être obséquieux, il appartient au pilote de l'équipe de direction. Après l'écoute attentive des éventuelles déclarations syndicales, qui peuvent prendre un certain temps, la séance, dans un premier temps, peut être consacrée à l'examen du contexte économique et de la situation de l'entreprise. Dans le contexte français, c'est très souvent un moment de vives polémiques. Mais ce peut être aussi un moment de pédagogie économique et de confrontation constructive. Les syndicalistes perçoivent l'économie dans une logique de producteurs. Leurs indicateurs se résument en volumes et en effectifs. C'est à la direction de se faire l'écho des autres dimensions de l'entreprise ;
- dans un second temps, il est utile de faire le bilan des accords précédents, de remettre les discussions qui vont s'ouvrir en perspective et d'exposer les incidences des décisions prises lors des négociations précédentes. Il peut être intéressant d'avoir des éléments de comparaison avec d'autres entreprises de la région ou de la branche industrielle afin de situer le contexte spécifique de l'établissement dans un environnement plus général ;
- enfin, ce premier contact peut se conclure par la fixation du calendrier de négociation et déterminer les thèmes des différentes séances. La chronologie des réunions pourra se faire en fonction des difficultés rencontrées. Aborder les discussions par les points les plus durs peut avoir pour effet de détériorer le climat, mais les rejeter en fin de parcours présente l'inconvénient de laisser moins de place à la maturation des idées. La durée de la

négociation et son rythme sont fonction des marges de manœuvre existantes. Il n'y a guère intérêt à dérouler de longues séances de travail s'il y a peu de grain à moudre. La gestion du temps comme le choix du moment de la négociation doivent faire l'objet d'une réflexion approfondie. Le calendrier social doit trouver sa place dans l'agenda général de l'entreprise afin d'éviter, si cela est possible, les turbulences intempestives.

Déroulement de la négociation

L'observation des interventions et des comportements permet d'apprécier le rôle des intervenants au sein de sa délégation et la façon dont chacun des syndicats se positionne dans les discussions en cours. Il s'agit ensuite d'interpréter ce qui s'est passé. Ainsi, une querelle de procédure pourra être une façon d'exprimer un désaccord sur le fond sans vouloir le faire ostensiblement. Le développement des tensions entre personnes sera le signe d'une inaptitude à entrer de manière constructive dans le vif du sujet. Le passage d'un type d'intervention à un autre ou une rupture dans leur fréquence seront de même le signe d'une évolution de l'attitude des négociateurs et d'une modification de leur point de vue.

Synergie	Coopération	Conciliation	Opposition	Affrontement
Nos points de vue sont identiques	Nos points de vue sont distincts	Nos points de vue sont divergents	Nos points de vue sont opposés	Nos avons des points de vue contradictoires
Nous pouvons agir ensemble	Nous pouvons en débattre pour chercher un accord	Nous pouvons rechercher un compromis	Nous pouvons confronter nos positions	Nous voulons imposer le nôtre

D'après J. Fauvet

Il s'agira par conséquent de suivre l'évolution de la négociation en s'efforçant de se dégager des premières impressions, souvent très subjectives. On notera ainsi :

- la fréquence, la durée et le contenu des interventions de chaque organisation syndicale :
  - quel est le syndicat qui assure le leadership ?
  - ce leadership est-il positif ou négatif ?
  - quelle est la tactique d'intervention mise en œuvre en vue de l'assurer ?
- le style des relations intersyndicales :
  - comment les différents syndicats se différencient-ils les uns des autres ?
  - comment se caractérisent les relations intersyndicales (coopération, domination, cohabitation, etc.) ?
- les modifications de comportement : la formulation de contre-propositions maximalistes, par exemple, peut constituer un signe positif, indiquant la volonté d'un syndicat d'entrer dans la problématique de la négociation, ou, au contraire, une manière d'exprimer un refus de discuter des thèmes proposés.

Ces différentes observations permettront d'affiner la tactique mise en œuvre :

- en intégrant les réactions des négociateurs et en décelant les espaces de synergie possibles qui permettront de progresser ;
- en se dégageant des spirales hostiles et agressives qui conduisent les négociations à l'impasse ;
- en organisant des réunions séparées (bilatérales) avec certaines organisations en vue de préciser et d'élargir les espaces de convergence.

Conclusion de la négociation

Une négociation sociale peut se conclure de différentes façons :

- un accord signé par la totalité des organisations syndicales ou par celles qui représentent la majorité du personnel ;
- un accord signé des organisations syndicales représentant une minorité seulement du personnel. Un tel accord est juridiquement valide mais évidemment moins légitime qu'un accord majoritaire. Il peut être sans valeur lorsque les organisations majoritaires font valoir leur droit d'opposition ;
- un échec fondé sur un constat de désaccord et une incapacité à rapprocher les points de vue et à bâtir un compromis ;
- un échec formel correspondant à une acceptation implicite, les organisations syndicales préférant laisser à la direction la responsabilité de la solution qui sera adoptée.

Certaines négociations, notamment les négociations salariales annuelles, peuvent se terminer ainsi sur une entente tacite. Les organisations syndicales ne signent pas, mais, dans la pratique elles ne contesteront pas la politique appliquée. Les syndicats auront utilisé les discussions en jouant le rôle d'un groupe de pression afin d'infléchir le contenu de décisions qu'ils ne souhaitent pas partager, tout le monde se contentant alors de l'application unilatérale de la politique décidée par la direction.

Il en va autrement quand l'enjeu de l'accord est la mise en application de nouvelles dispositions dont l'application unilatérale n'est pas envisagée. La communication sur les causes de l'échec sera à la fois délicate et indispensable. Délicate car il est toujours difficile de parler de ce qui n'a pas réussi, le risque étant d'exacerber les rancœurs. Indispensable, car il faudra bien surmonter les difficultés rencontrées. Une communication peu formalisée, par le biais du canal hiérarchique, sera sans doute alors la plus appropriée.

La négociation peut également se conclure sur un compromis que l'on peut caractériser de la façon suivante et dont diverses variantes peuvent se présenter :

- il peut s'agir d'un compromis de type classique, *a minima*, reposant sur *le plus petit dénominateur commun* et prenant acte d'un rapport de force à un moment donné. Chacune des parties se sentira relativement peu liée par l'accord et continuera à développer de manière autonome son point de vue sur les sujets traités, cherchant des opportunités pour le remettre en cause à son profit ;
- le compromis peut au contraire être *le fruit d'une construction commune* qui lie plus intimement les parties en vue d'objectifs communs. Chacun aura à cœur de faire de l'accord un succès dans la mesure où sa crédibilité est engagée. Une communication commune des syndicats et de la direction sera parfois envisageable et facilitera son application. Dans le cas de dispositions remettant profondément en cause les habitudes, il sera utile de prévoir à l'avance les arguments que les syndicalistes pourront utiliser pour convaincre les salariés de leur bien-fondé car ils devront ensuite, à moins qu'ils n'aient su le faire dans le cours des discussions, négocier à leur tour avec les militants, les adhérents et le personnel qu'ils représentent.

L'accord final peut être conclu avec l'ensemble ou seulement avec une partie des organisations syndicales. Dans ce dernier cas, une éventuelle dénonciation sera juridiquement possible si les non-signataires peuvent revendiquer la majorité, par rapport aux effectifs inscrits, des suffrages des salariés aux dernières élections de représentants du personnel. S'ils ne peuvent s'en prévaloir, il sera à craindre qu'ils cherchent à obstruer le déploiement de l'accord en exacerbant les difficultés et dysfonctionnements dus à sa mise en place ou en exploitant les conséquences défavorables qu'il représente pour certaines catégories de salariés.

La façon dont l'accord sera mis en œuvre est donc essentielle. La signature proprement dite du texte instituant des changements ne constitue en soi qu'une première étape. Le déploiement de ce qui a été convenu, l'adaptation des dispositions prévues, leur maintien permanent, ont autant d'importance que la négociation elle-même. Un échec dans l'application de l'accord représenterait en effet une sorte de désaveu de ceux qui se sont engagés en prenant parfois de gros risques. C'est pourquoi il peut être utile de prévoir les modalités de suivi dans le cadre, par exemple, d'une commission paritaire.

Comportement des syndicats face à la négociation

Un comportement négatif ou méfiant, venant des équipes syndicales, peut s'expliquer par une différence de niveau de formation par rapport aux représentants de la direction, par un déséquilibre de compétence et une moindre maîtrise des dossiers, qui a pour effet de les placer en situation d'infériorité. Ces équipes ont alors tendance à gérer une telle situation par un refus de s'engager. Toutefois :

- les raisons qui motivent les comportements syndicaux ne sont pas uniquement d'ordre technique. La culture de la défiance qui imprègne les rapports sociaux conduit implicitement les syndicalistes à imaginer que toute proposition novatrice a son côté caché, voire trompeur. Les syndicalistes sont mal à l'aise dans une négociation de type donnant-donnant dans laquelle il s'agit de dégager un bénéfice commun en faisant des concessions réciproques ;
- dans la tradition syndicale française, la « négociation à froid », c'est-à-dire sans conflit ouvert et sans rapport de forces, est jugée peu productive. Pour bien des syndicalistes, la négociation n'est qu'un moment particulier de l'affrontement d'intérêts par nature antagonistes. Les concessions obtenues lors d'une négociation ne sont pour eux que des résultats temporaires qu'il conviendra d'améliorer lors d'un prochain conflit ;

- la distance culturelle qui sépare dirigeants et syndicalistes est souvent interprétée par ces derniers comme une forme de mépris. Une certaine forme de discours technocratique ne laisse aucune place à l'expression d'un point de vue différent. La perception syndicale du monde résulte souvent d'une généralisation de quelques exemples particuliers, celle des dirigeants d'une modélisation des problèmes rencontrés. Les syndicalistes ont tendance à donner une force symbolique à des faits isolés. Ils ont souvent une vision locale limitée à un service ou à un atelier qu'ils érigent en représentation générale des rapports sociaux dans l'entreprise ;

- les représentants du personnel estiment devoir jouer un rôle qui correspond aux canons de la fonction. Les leaders ont leur rang à tenir vis-à-vis de leurs camarades et vis-à-vis des militants des autres délégations syndicales. À la différence des dirigeants, les syndicalistes sont des intermédiaires sociaux, ils entretiennent avec la base une relation toujours plus difficile à assumer en raison de la complexification des jeux d'intérêts, de l'attitude souvent ambivalente des salariés, qui expriment rarement leurs désirs d'une façon intelligible. D'une certaine façon, leurs représentants ont à jouer un rôle de décodeurs des aspirations des uns et des autres en vue de transformer celles-ci en substance négociable ;

- les modalités du pluralisme syndical actuel et les conditions de validité des accords conclus ne sont pas des facteurs favorables à une prise de responsabilité. La tentation est grande pour certaines organisations syndicales, compte tenu de leurs traditions, d'adopter une attitude de contestation sachant que la signature d'une autre organisation, même très peu représentative, suffira à rendre applicable un accord. Ceci revient alors à jouer sur les deux tableaux. En adoptant un comportement intransigeant, on espère engranger un avantage électoral sans perdre le bénéfice de ce qui a été négocié.

Par ailleurs, les comportements syndicaux peuvent s'expliquer par des tactiques de négociation plus offensives et plus classiques telles que :

- articuler le pragmatisme et la démesure pour obtenir des concessions plus étendues ;
- durcir ses positions pour tenter d'élever le niveau du compromis ;
- présenter un catalogue excessif de demandes pour obtenir satisfaction sur un ou deux points et faire, en temps opportun, des concessions à bon compte ;
- cibler les attaques personnelles sur certains dirigeants afin de les déstabiliser ;
- partager les rôles entre *militants agressifs* et *militants coopératifs* afin de placer ces derniers en position d'hommes d'ouverture.

Enfin, l'expérience montre que les meilleures équipes syndicales savent composer une délégation cohérente qui permettra de mieux maîtriser l'ensemble des aspects de la négociation. Sous la conduite d'un leader, chaque membre aura un rôle qui lui sera assigné tel que :

- lire les déclarations, affirmer les positions syndicales et effectuer des retours aux principes ;
- maintenir la tension et pratiquer la douche froide afin de masquer les niveaux de compromis possible ;
- poser des questions, demander des explications, des copies de documents, afin de pouvoir informer les salariés de façon à continuer à rester indispensable dans la chaîne de communication, même si le syndicat demeure en désaccord ;
- pratiquer l'ouverture, jouer du pragmatisme, laisser entrevoir les possibilités de compromis.

Importance du comportement personnel du négociateur

On terminera ce chapitre en suggérant quelques conseils que chaque négociateur enrichira par la réflexion et la systématisation de son expérience personnelle. L'état des relations sociales en France nécessite de porter une attention particulière à la gestion de l'agressivité et de l'hostilité :

- une grande application doit être apportée au développement de relations interpersonnelles de bonne qualité. Le pilote de la négociation sera attentif à la ponctualité, à la qualité de l'accueil des délégations syndicales, et à la qualité de l'organisation matérielle permettant de travailler dans de bonnes conditions ;
- il convient d'éviter de jouer sur le même registre qu'un interlocuteur provocant ou menaçant. D'une manière générale, les menaces sont souvent inefficaces et confortent l'agresseur dans son attitude ;
- face à un négociateur querelleur et « jusqu'au-boutiste », les concessions injustifiées renforcent en général son attitude. Il paie rarement par des concessions en retour. Le traitement de l'agressivité entre personnes est à déconnecter de l'objet des discussions ;
- il faut être attentif à la personnalité de chacun des représentants du personnel en proscrivant les jugements de valeur et en évitant d'attribuer aux uns et aux autres des caractéristiques, réelles ou supposées, qui seraient celles de l'organisation à laquelle ils appartiennent (« Vous, à la CGT, vous êtes contre tout, vous ne signez jamais rien. »). Pratiquer de la sorte, c'est aider à la constitution d'un bloc oppositionnel homogène et déterminé ;
- confronté à des comportements affectifs ou irrationnels, il importe au contraire de rester raisonnable et de s'aider par des exemples concrets en vue de donner un autre ton au dialogue et en évitant de se perdre dans des considérations générales qui ambitionnent de « refaire le monde ».

La prise en compte de la complexité croissante des sujets à traiter ne peut être obtenue qu'en permettant à l'expression d'aller au-delà des rôles convenus :

- dans le déroulement des débats, veiller à passer la parole à l'ensemble des participants. Dans un contexte dans lequel une organisation syndicale est particulièrement agressive, le risque serait de focaliser un débat entre la direction et les oppositionnels ;
- en présence d'un discours idéologique, éviter le discours miroir, savant et technocratique. Revenir aux faits, à des problématiques concrètes, à des débats sur des contenus palpables ;
- être attentif aux modes de perception de ses interlocuteurs et faire une nette distinction entre la perception et le comportement qu'elle induit. Il convient d'avoir présent à l'esprit la distinction classique entre la signification d'une proposition pour celui qui la fait et le sens que lui attribue celui qui la recueille.

Il est utile d'insister, enfin, sur la pertinence de comportements flexibles, notamment dans des négociations qui visent à produire du changement : il faut avoir présent à l'esprit le fait que s'il est difficile de faire bouger des convictions, les principes et les points de vue, cela n'est pas incompatible avec la transformation des actions et des attitudes quotidiennes.

En résumé :

- il convient de consacrer le temps nécessaire à la préparation de la négociation en cherchant à cerner au mieux ses propres intérêts, les intérêts de l'autre partie et les raisons que pourraient avoir les uns et des autres pour bloquer le processus ;
- il est nécessaire d'évaluer à chaque étape de la négociation le résultat des choix effectués de façon à pouvoir apporter, à point nommé, les corrections et inflexions nécessaires ou à intégrer les situations nouvelles qui pourraient se présenter ;

- une fois l'accord conclu, il faut avoir en tête que l'essentiel du chemin reste à parcourir pour affiner et appliquer ce qui a été décidé, mais surtout pour faire face aux transformations inéluctables de l'environnement.

Index

U

V

www.ingramcontent.com/pod-product-compliance
Lightning Source LLC
Chambersburg PA
CBHW061156220326
41599CB00025B/4504